水標橋

수표교 | 한양에 비가 내리면

SUPYO-GYO BRIDGE HANYANG IN THE RAIN

전시를 만든 사람들

전시총괄
송인호 박현욱

전시기획
홍승주 박현민

진행
박민아 황경미 김성룡

전시자료조사
신수진 박민선

전시보조
손영정 김소혜 송지현

도록논고
김준현 홍지윤

유물출납
이현진 김동민 이혜인

사진자료
최인호 강영호 박효진

보존환경
신장하

보존처리
임주희

행정지원
강용운 한종환 김나훈

번역
한국동시통역연구소

설계 및 그래픽
용아트

홍보물
예맥

도록
아샤르프린팅

영상
(주)디포뷰

유물운송
한솔BBK

유물대여
국립중앙도서관
서울대학교 규장각한국학연구원
숭실대학교 한국기독교박물관

자료제공
국가기록원 부산기록관
국립중앙도서관
국립중앙박물관
국사편찬위원회
동은의학박물관
버클리대학교 동아시아도서관
한국학중앙연구원 장서각

일러두기

1. 이 도록은 청계천박물관 기획전시 '水標橋수표교_한양에 비가 내리면'(2019.12.18.~2020.3.15.)의 전시도록이다.
2. 수록된 사진과 설명은 '水標橋수표교_한양에 비가 내리면' 전 협조 기관에서 제공받은 자료를 토대로 정리한 것이다.
3. 유물 설명은 명칭, 시대, 크기, 소장처 순으로 명시하였으며, 서울역사박물관 소장 유물은 소장처를 생략하였다.
4. 유물 크기는 세로×가로×높이 순이며, 단위는 ㎝, 패널·이미지 등에 활용된 전시자료는 크기를 표기하지 않았다.
5. 이 도록에 수록된 내용의 무단사용을 금하며, 이용하고자 하는 경우 각 소장 기관의 사전허가를 받아야 한다.

CONTENTS

水標橋
수표교 — 한양에 비가 내리면

전시를 열며
Welcome to the Exhibition

조선시대 한양의 개천에 놓여있던 다리 중 원형 그대로 남아 있는 다리는 수표교뿐입니다. 수표교 옆에는 세종 23년(1441)에 세워진 개천의 수위를 측정하기 위한 수표水標가 있었습니다. 홍수로 인한 범람 피해를 줄이기 위해서 여러 차례 대규모 공사를 해 청계천의 모습을 갖추어 갔고, 그 중심에는 수표와 수표교가 있었습니다.

수표교는 일제강점기 개천이 청계천으로 불리기 시작한 뒤에도 자리를 지키고 있다가 복개공사 때 현재의 장충단공원으로 자리를 옮겼습니다. 수표 역시 장충단공원으로 이설移設하였다가 현재는 세종대왕기념관에서 보관하고 있습니다.

수표교는 영희전으로 행차하는 어가 행렬이 지나던 곳이었습니다. 풍류를 즐기는 선비들, 천주교인들, 구리개의 약방을 찾는 이들 그리고 조선에 정착한 청상淸商들까지 각양의 역사가 여기에 배어 있습니다.

그동안 청계천박물관은 청계천 전문 박물관으로써 청계천을 주제로 한 다양한 전시를 선보여 왔습니다. 기획전 '수표교 한양에 비가 내리면'을 통해 수표와 수표교의 기억을 함께하는 시간이 되시기를 기대합니다.

2019. 12.

서울역사박물관장 송인호

1 비와 수표

비와 수표

Rain and the Water Mark (“*Supyo*”)

조선 초 수표교를 처음 세울 때는 소와 말을 사고파는 마전 옆에 있었기 때문에 마전교라 불렸다. ‘수표교’는 세종 23년(1441) 수표 설치 후 불리기 시작한 이름이다. 네모꼴 나무 기둥[方木柱]에 척[尺]·촌[寸]·푼[分] 눈금을 새겨 수표를 설치했으며, 후대에 돌기둥으로 다시 만들었다.

수표교는 세월이 지나면서 수차례 보수되었다. 영조 36년(1760) 개천을 준설할 때는 교각 기둥에 경진지평[庚辰地平]을 새겨 이후 준천의 표준으로 삼았다. 다리 중앙 부분 귀틀석에는 무자금영개조[戊子禁營改造], 정해개축[丁亥改築]이 새겨져 무자년(1768)과 정해년(1887)에 각각 다리를 보수했음을 알 수 있다. 당초 난간이 없었던 수표교는 1887년 정해개축 때 난간이 생긴 것으로 추정된다.

Supyo-gyo Bridge was originally called Majeon-gyo Bridge, since it was next to a horse and cow market (“*majeon*”). Supyo-gyo became the bridge’s name after Supyo was installed in 1441. Supyo was initially a wooden pillar, on which markings indicated water level. Afterward a stone pillar replaced the wooden one. Major markings at 3, 6, and 9 cheok (approximately 3, 6, and 9 feet) served as the benchmark heights for drought, normal, and flood.

Supyo-gyo Bridge was repaired and renovated a number of times over the years. During the 1760 dredging project by King Yeongjo (r. 1724~1776), the characters *gyeongjinjipyeong* (庚辰地平, meaning benchmark water level of *gyeongjin* year (1760)) were carved on one of the piers to serve as the benchmark height for future dredging projects. In the central part of the bridge, the years when repairs took place were recorded on the bridge – 1768 and 1887. The bridge originally had no railing, and it is presumed that the railing was added as a part of the 1887 repair.

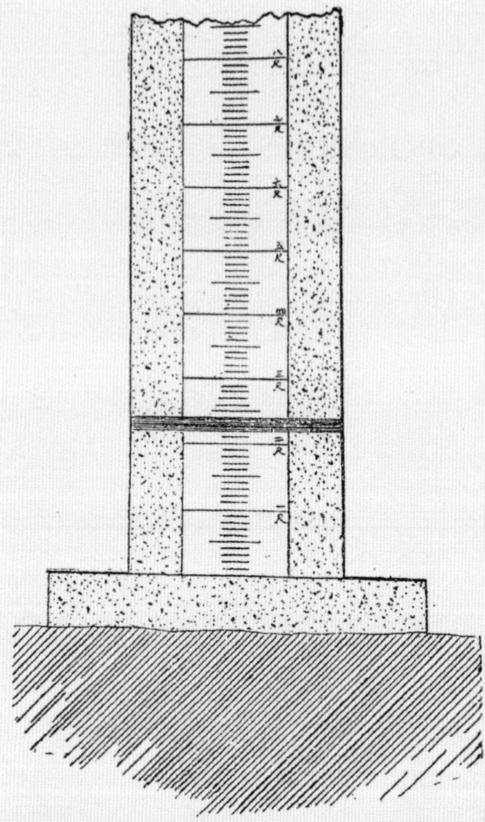

세종대 수표의 추정복원도

조선총독부관측소 편, 『조선고대관측기록조사보고서』, 27쪽

수표교와 수표

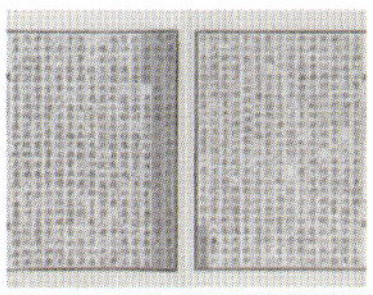
『태종실록』 11년 윤12월 14일

『세종실록』 23년 8월 18일

『신증동국여지승람』 권3 한성부 교량

조선 건국	1392	
개경 천도	1399	
한양 재천도	1405	
개천 준설	1406	
개거도감開渠都監을 설치하여 개천을 관리	1411	
	1412	개천을 준설하고 다리를 축조
수성금화도감修城禁火都監을 설치하여 개천과 교량을 관리	1426	
	1441	마전교馬前橋(지금의 수표교) 서쪽에 나무와 돌로 기둥을 세워 수위를 측정
	~성종대	수표水標를 석재로 개축
개천을 준설하고(경진준천庚辰濬川) 준천사濬川司를 설치하여 개천을 관리	1760	수표교 교각에 경진지평庚辰地平을 새겨 준천의 기준으로 삼음
	1768	수표교를 개축 (무자금영개조戊子禁營改造)
개천 양안에 석축을 쌓음	1773	
	순조대	수표가 허물어져서 다시 세움
개천 준설(계사경준癸巳更濬)	1833	
개천 준설(기사대준己巳大濬)	1869	
	1887	수표교 개축 (정해개축丁亥改築)
청계천 복개공사 시작	1958	
	1959	장충단공원으로 이전
	1973	수표를 세종대왕기념관으로 이전 수표교를 서울시 유형문화재 제18호로 지정
	1985	수표를 보물 제838호로 지정
청계천 복원공사 시작	2003	수표교지 발굴조사 시행

『세종실록』 권93
世宗實錄 卷93
Annals of King Sejong, Vol. 93
국가기록원 부산기록관

호조에서 아뢰기를, "각 도의 감사監司가 비의 양을 보고하도록 이미 정해진 법이 있사오니, 흙마다 습하기가 같지 아니하고, 흙 속으로 스며 든 깊이도 역시 알기 어렵사오니, 청하옵건대, 서운관書雲觀에 대臺를 짓고 쇠로 그릇을 부어 만들되, 길이는 2척이 되게 하고 직경은 8촌이 되게 하여, 대臺 위에 올려놓고 비를 받아, 서운관 관원으로 하여금 깊이를 재어 보고하게 하고, 또 마전교馬前橋 서쪽 물 속에다 얇고 넓적한 돌을 놓고, 돌 위를 파고서 받침돌을 두 개 세워 가운데에 네모난 나무 기둥을 세우고, 쇠갈구리로 받침돌을 고정시켜 척尺·촌寸·분수分數를 기둥 위에 새기고, 호조 낭청郎廳이 비와 강물의 깊이를 살펴서 보고하게 하고, 또 한강변의 암석 위에 푯말을 세우고 척·촌·분수를 새겨, 도승渡丞이 이것으로 물의 천심을 측량하여 호조에 보고하여 아뢰게 하며, 또 지방 각 고을에도 한양의 주기례鑄器例에 의하여, 혹은 자기磁器를 사용하던가, 혹은 기와그릇을 사용하여 관청 뜰 가운데에 놓고, 수령이 역시 물의 천심을 재어서 감사監司에게 보고하게 하고, 감사가 전해 듣게 하소서." 하니, 그대로 따랐다.

『세종실록』 23년(1441) 8월 18일

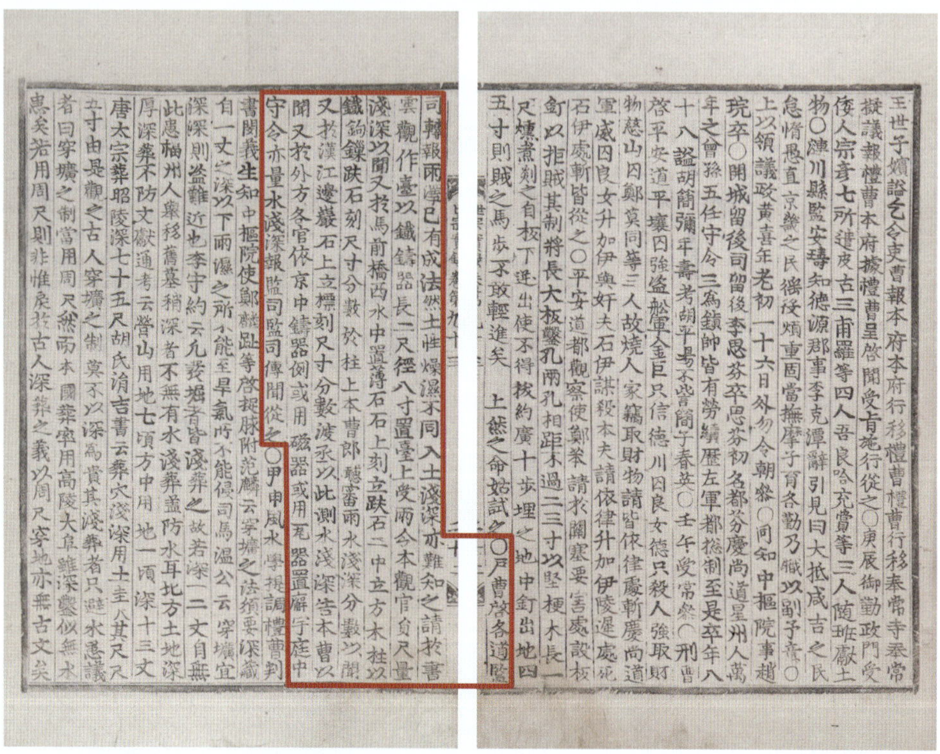

수표교의 구조

수표교는 판교板橋 형식의 돌다리이다. 6각으로 된 큰 다리 기둥에 모진 도리를 얹고 그 사이에 판석板石을 깔아 만들었다. 아래의 돌기둥은 2단으로, 그중 윗단의 돌은 모서리를 물의 흐름과 마주하여 물의 저항을 덜 받았다. 난간에 연꽃 봉오리, 연잎 등을 새겼다.

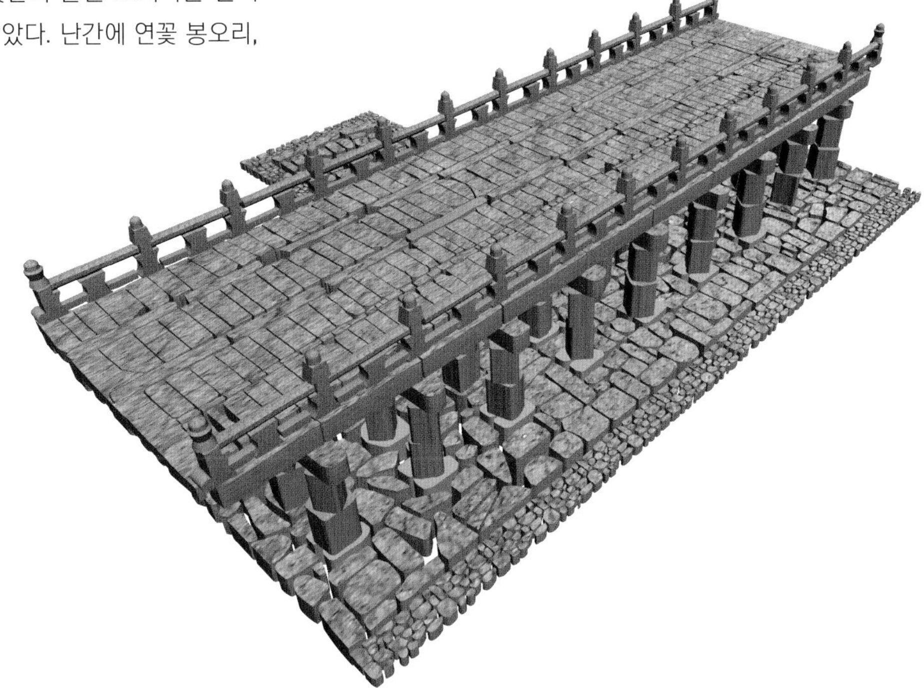

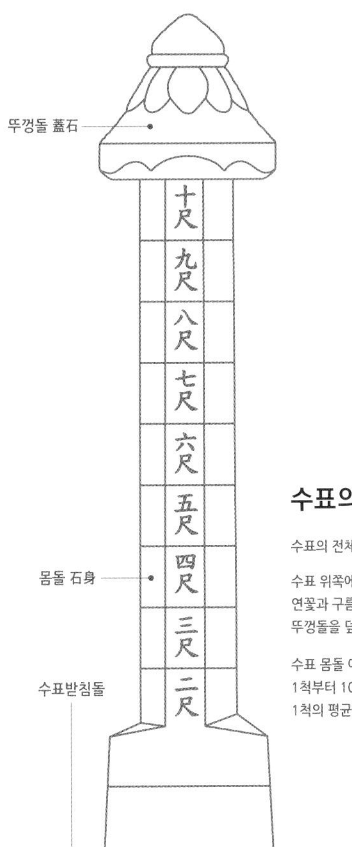

[수표 앞면]

수표의 구조

수표의 전체 높이 3.2m

수표 위쪽에는
연꽃과 구름무늬를 새긴
뚜껑돌을 덮었다.

수표 몸돌 에는 가로로 눈금을 새겨
1척부터 10척까지를 표시했다.
1척의 평균 높이는 21.875cm이다.

수표 아래쪽에는
1833년 개천을 준설할 때 새긴
계사경준癸巳更濬이라는 글자가 보인다.

3척, 6척, 9척에는
직경 8.5cm의 구멍을 6~7cm 깊이로 파내어
각각 갈수渴水, 평수平水, 대수大水를 표시했다.

수표 받침돌에는
1869년 개천을 준설할 때 새긴
기사대준己巳大濬이 새겨져 있었는데
이전移轉 과정에서 소실된 것으로 보인다.

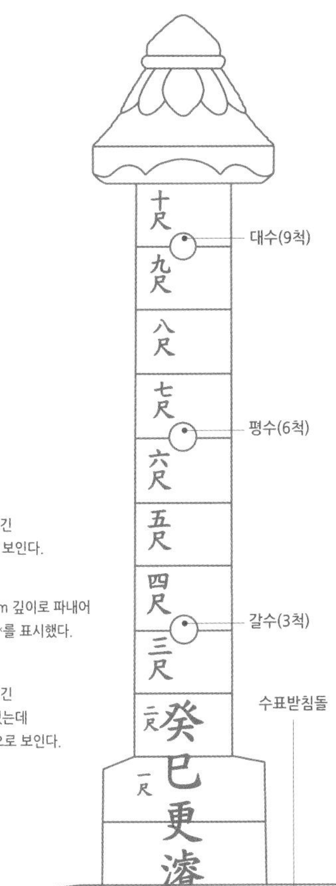

[수표 뒷면]

1_1 기우제등록

Record of Rituals for Rain

『기우제등록祈雨祭謄錄』에는 1636년(인조 14)부터 1889년(고종 26)까지 기우제祈雨祭·기청제祈晴祭·기설제祈雪祭 기록이 정리되어 있다. 수표 관련 기록은 690여 회에 걸쳐 나타난다. 그중 일부에 중부수표中部水標와 남부수표南部水標라는 기록도 있어 조선시대에는 수표가 여러 개 설치되었던 것으로 보인다.

The book Record of Rituals for Rain contains records of rituals for rain, clear sky, and snow that took place between 1636 and 1889. There are more than 690 entries that mention the water mark. Some specifically mention central mark or south mark, hinting that there were multiple water mark during the Joseon period.

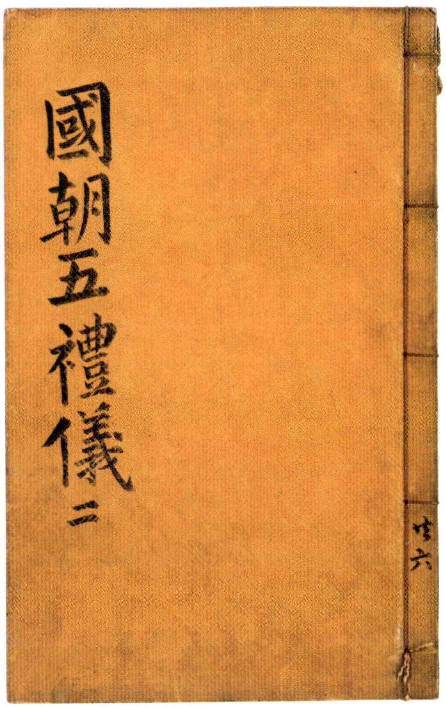

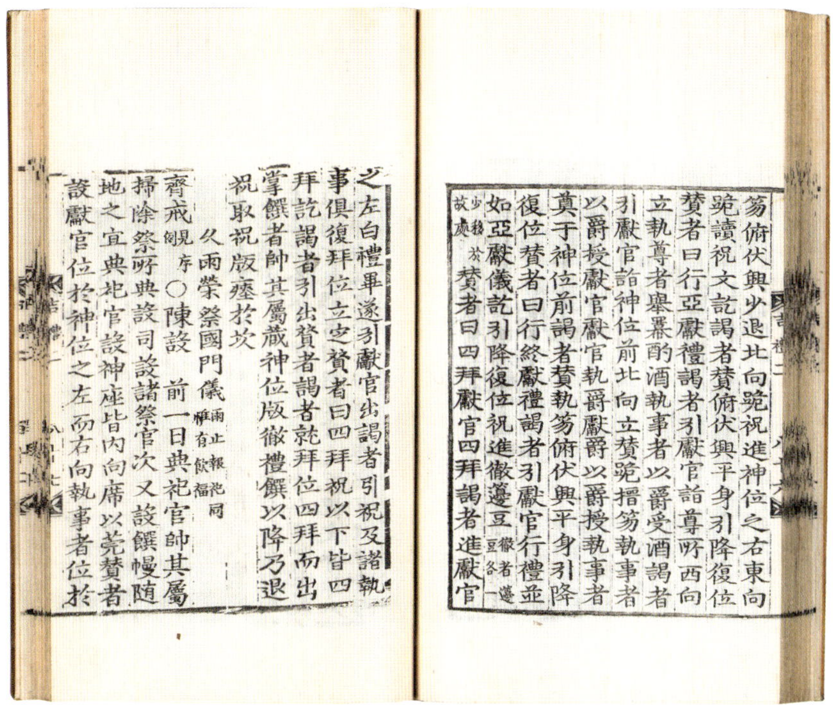
笏俯伏興少退北向跪祝進神位之右東向
跪讀祝文訖謁者贊俯伏興平身引降復位
贊者曰行亞獻禮謁者引獻官詣尊所西向
立執尊者舉冪酌酒執事者以爵受酒謁者
引獻官詣神位前北向立贊跪搢笏執事者
以爵授獻官獻官執爵獻爵以爵授執事者
奠于神位前謁者贊執笏俯伏興平身引降
復位贊者曰行終獻禮謁者引獻官行禮並
如亞獻儀訖引降復位祝進徹籩豆
贊者曰四拜獻官四拜謁者進獻官

之左白禮畢遂引獻官出謁者引祝及諸執
事俱復拜位立定贊者曰四拜祝以下皆四
拜訖謁者引出贊者謁者就拜位四拜而出
掌饌者帥其屬藏神位版徹禮饌以降乃退
祝取祝版瘞於坎
久雨禜祭國門儀
齊戒 ○陳設 前一日典祀官帥其屬
掃除祭所典設司設諸祭官次又設饌幔隨
地之宜典祀官設神座皆內向席以莞贊者
設獻官位於神位之左而右向執事者位於

『국조오례의』
國朝五禮儀
The Five Rites of the Nation
조선후기
35.5×22.7×2.6

비가 그치거나 날씨가 맑아지기를 비는 기청제는 재앙을 막는다는 의미에서 영제禜祭라고 불렸다.
조선시대 한양에서는 4대문에서 영제를 지내는 사문영제四門禜祭가 자주 거행되었다.

『신증동국여지승람』
新增東國輿地勝覽
Augmented Survey of the Geography of Korea
조선후기
31.8×37.5×2.0
복제

수표교 水標橋

장통교 동쪽에 있다. 다리 서쪽 물 가운데 석표石標를 세우고 척촌尺寸의 수를 새겼는데, 빗물이 나면 거기에 의하여 깊고 얕음을 안다.

『신증동국여지승람』 권3 한성부 교량

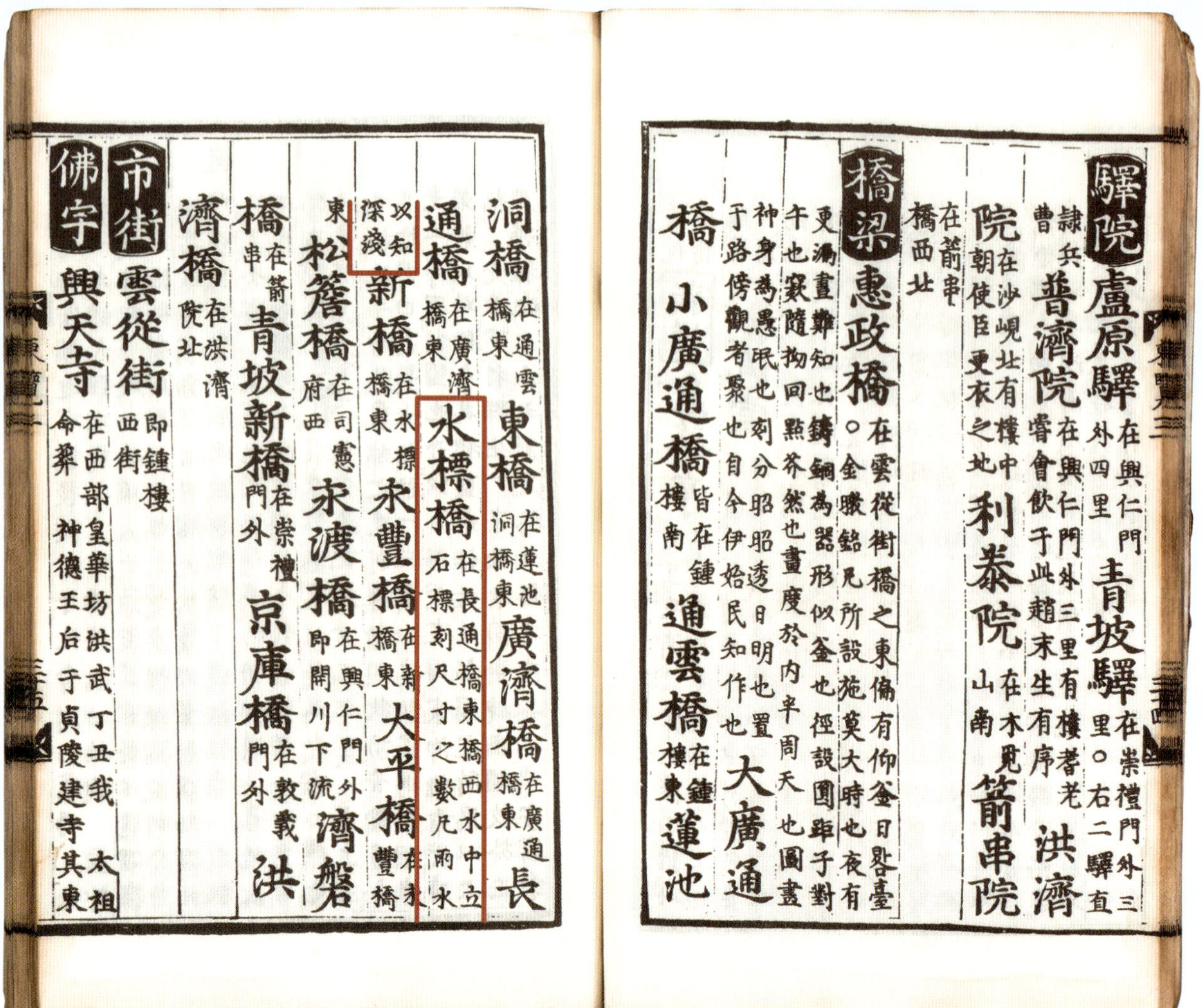
驛院 盧原驛 在興仁門外四里 青坡驛 在崇禮門外三里○右二驛直隸兵曹
院 普濟院 在興仁門外三里有樓耆老會飲于此趙末生有序 洪濟院 在沙峴北有樓中朝使臣更衣之地 利泰院 在木覓山南 箭串院 在箭串橋西北
橋梁 惠政橋 在雲從街橋之東偏有仰釜日晷臺○金墩銘凡所設施莫大時也夜有更漏晝難知也鑄銅為器形似釜也徑設圓距子對午也竅隨拗回點芥然也晝度於內半周天也圖畫神身為愚民也刻分昭昭透日明也置于路傍觀者聚也自今伊始民知作也 大廣通橋 小廣通橋 皆在鍾樓南 通雲橋 在鍾樓東 蓮池
洞橋 在通雲橋東 東橋 在蓮池洞橋東 廣濟橋 在廣通橋東 長通橋 在廣濟橋東 水標橋 在長通橋東橋西水中立石標刻尺寸之數凡雨水以知深淺 新橋 在水標橋東 永豐橋 在新橋東 大平橋 在永豐橋東 松簷橋 在司憲府西 永渡橋 在興仁門外即開川下流 濟盤橋 在箭串 青坡新橋 在崇禮門外 京庫橋 在敦義門外 洪濟橋 在洪濟院北
市街 雲從街 即鍾樓西街
佛宇 興天寺 在西部皇華坊洪武丁丑我太祖命葬神德王后于貞陵建寺其東

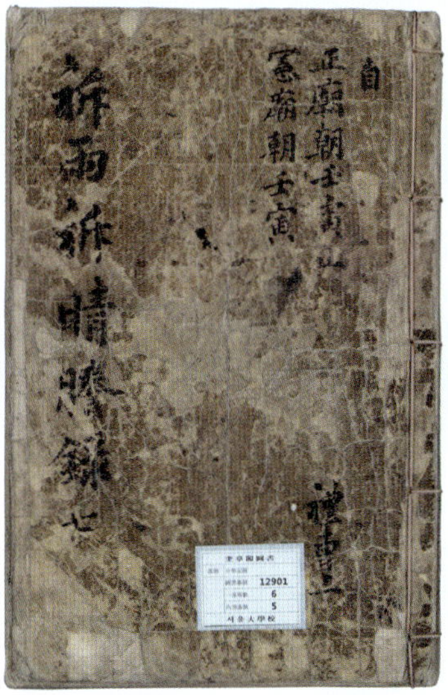

『기우제등록』
祈雨祭謄錄
Record of Rituals for Rain
1636~1889년
40.0×26.6
서울대학교 규장각한국학연구원

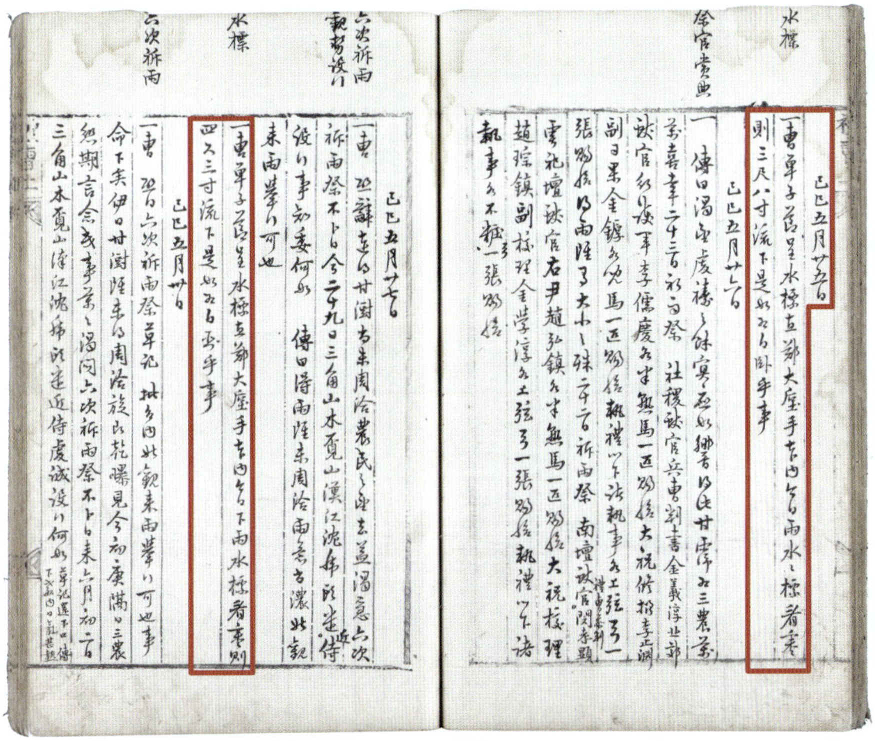

예조에서 올린 단자單子를 보고하건대 수표직水標直 정대후鄭大垕가 써 올리기를, 오늘 비가 와서 수표를 살펴보니 3척 8촌이라고 하옵니다.

『기우제등록』 권5 기사년(1749, 영조 25년) 5월 25일

예조에서 올린 단자單子를 보고하건대 수표직水標直 정대후鄭大垕가 써 올리기를, 오늘 비가 와서 수표를 살펴보니 4척 3촌이라고 하옵니다.

『기우제등록』 권5 기사년(1749, 영조 25) 5월 27일

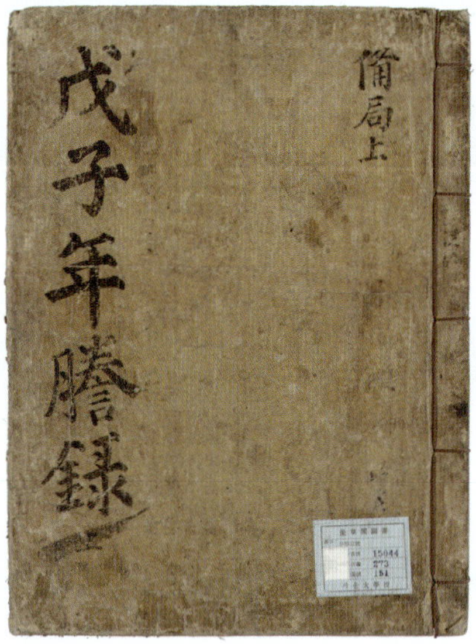

『비변사등록』
備邊司謄錄
The Diaries of the Office of Border Defense
조선후기
44.0×31.4
서울대학교 규장각한국학연구원

금위영禁衛營에서 아뢰기를, "본영의 담당구역 내에 있는 수표교를 개수하기로 정해주셨습니다. 3월 9일부터 역사를 시작하겠다는 뜻으로 감히 아룁니다." 하니, 알았다고 답하였다.

『비변사등록』 영조 44년(1768) 3월 10일

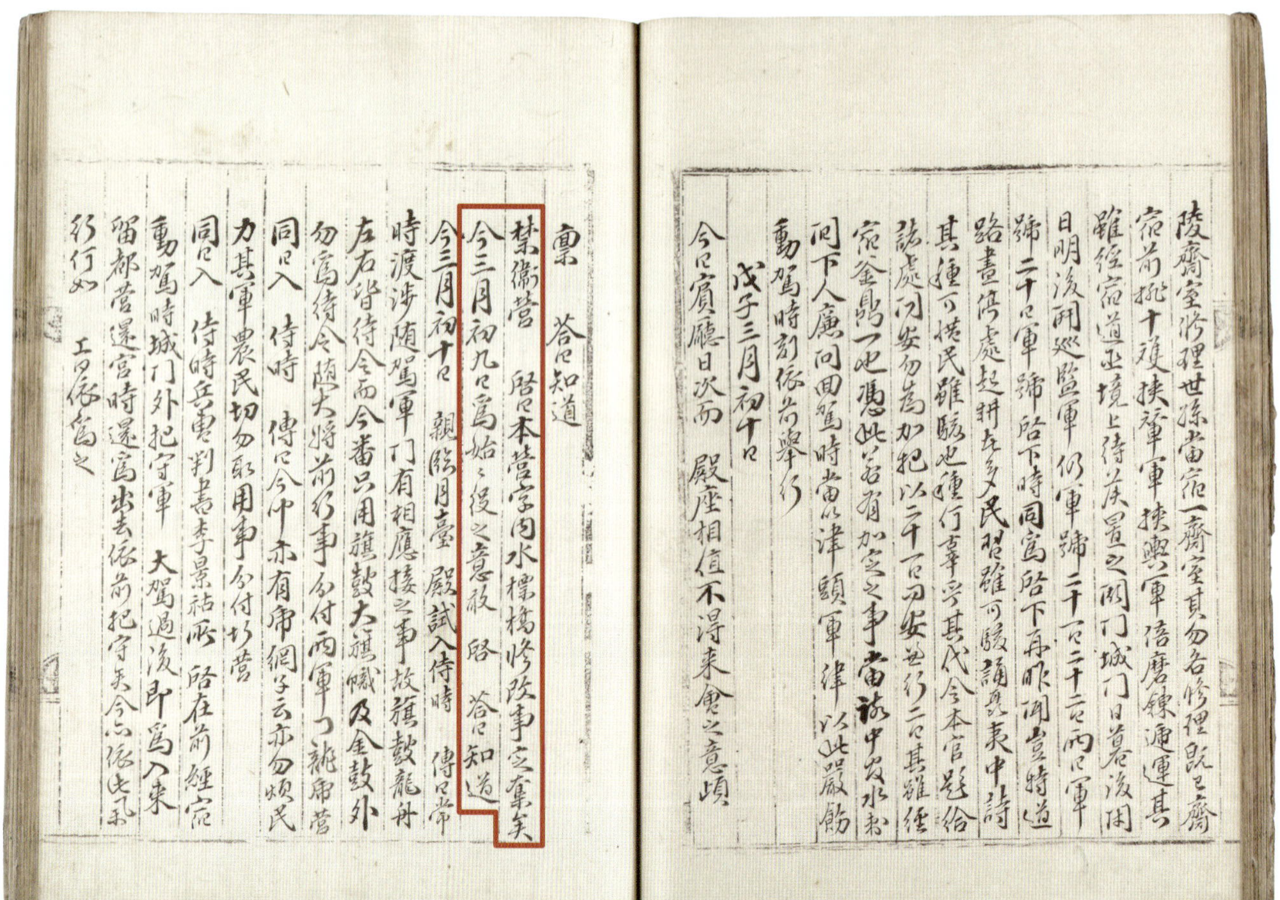

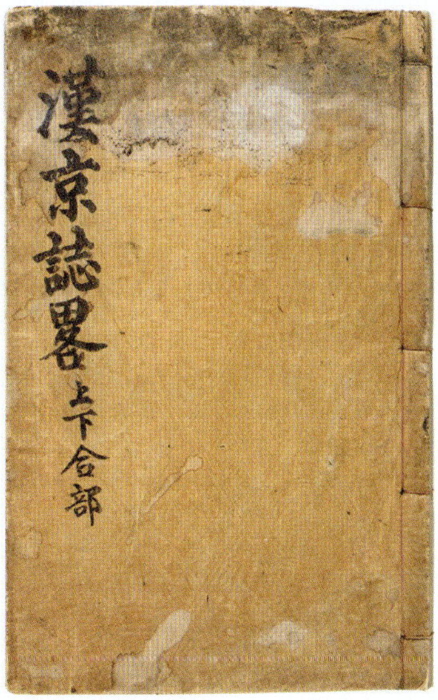

『한경지략』
漢京識略
Chronicles of Hanyang
유본예柳本藝
1830년
33.2×20.5×2.4

수표교水標橋

중부中部 장통방長通坊에 있다. 다리 서쪽에 표석標石을 세워 척촌尺寸을 새겨 수심을 조사했다. 또 경진수평庚辰水平 네 글자를 새겼다. 이 표석이 지금 이미 허물어졌으므로 새로운 석재로 다시 세웠다.

『한경지략』 권2 교량

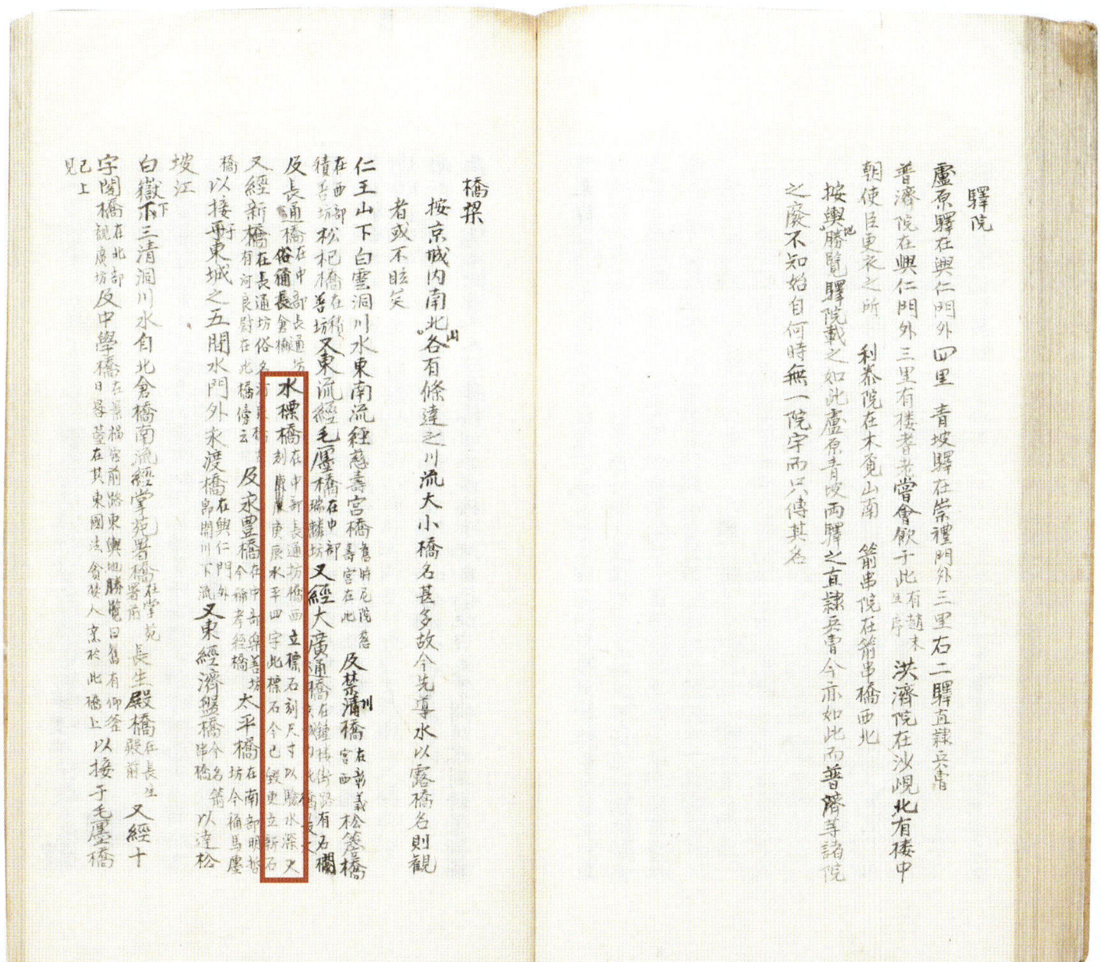

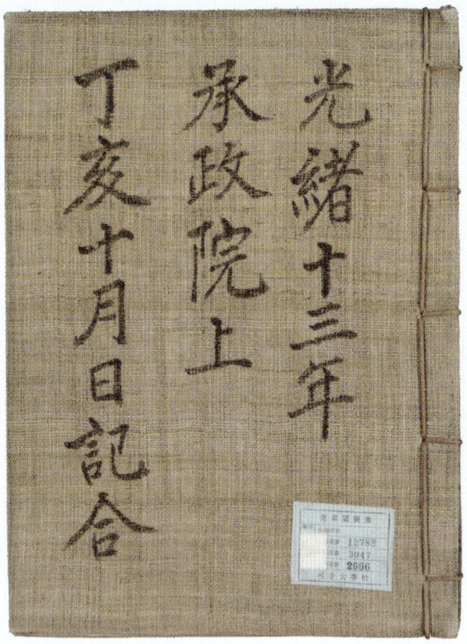

『승정원일기』
承政院日記
The Diaries of the Royal Secretariat
18세기 초~19세기 말
41.2×29.4
서울대학교 규장각한국학연구원

친군해방영親軍海防營과 호조戶曹가 아뢰기를, "수표교水標橋의 돌난간을 보수하고 작은 석교石橋 세 곳을 개축하는 역사를 지금 끝냈습니다. 감히 아룁니다." 하니, 알았다고 전교하였다.

『승정원일기』 고종 24년(1887) 10월 19일

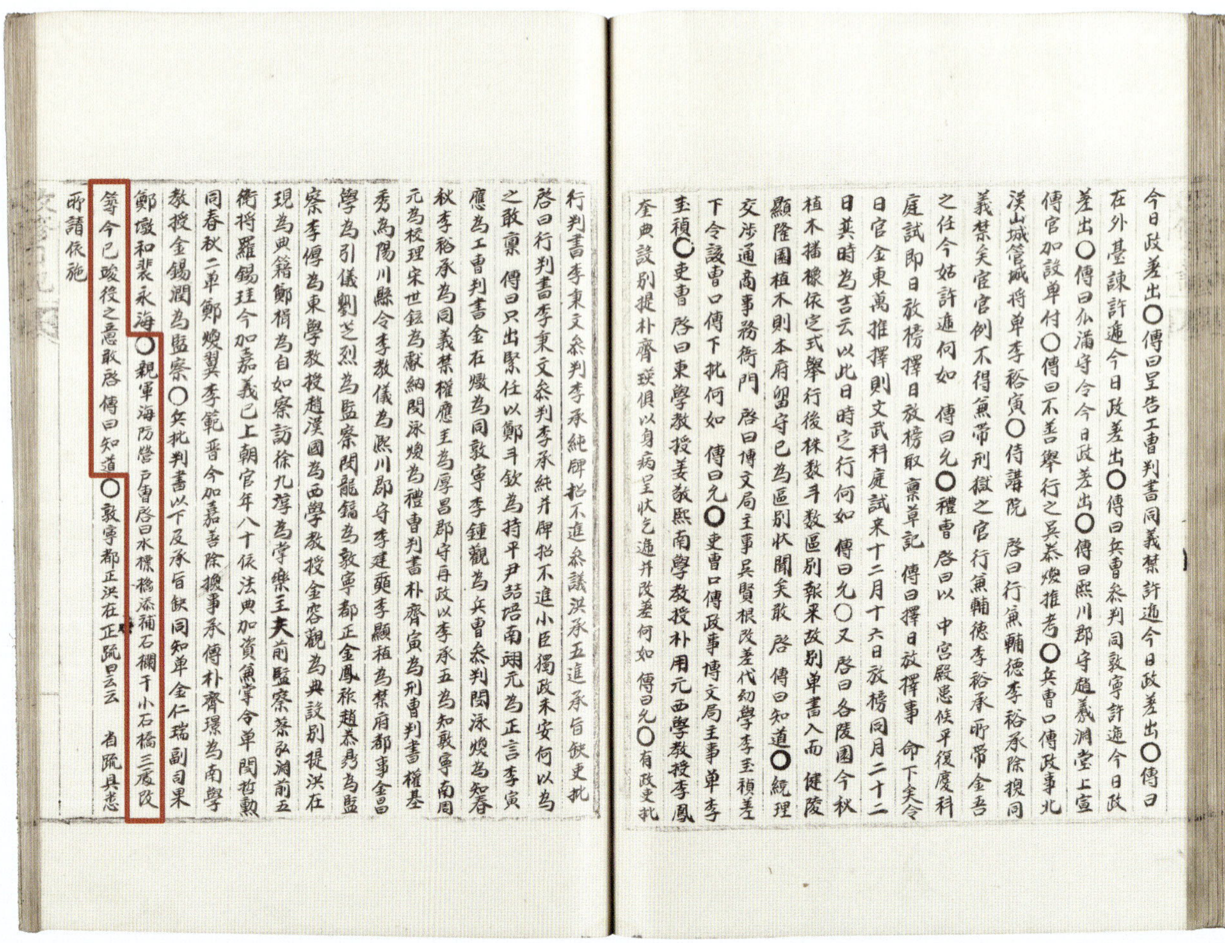

1_2 준천

Dredging

한양은 내사산內四山으로 둘러싸여 있어서 산에서 내려온 물이 지대가 낮은 도심으로 흐르면서 물길이 남산에 막혀 바로 한강으로 빠지지 못하는 지형적 특성이 있다. 비가 많이 오면 홍수가 나는 일이 잦았다. 이에 여러 왕들은 물이 잘 흐르도록 개천 바닥을 퍼내는 준천濬川을 실시하였는데, 1760년(영조 36) 경진준천庚辰濬川이 대표적이다.

Hanyang(Seoul)'s waterways form in the mountains to the north, and then flow to lower elevation areas in the south. But with Namsan Mountain standing to the south of the city, the streams are forced to first flow eastward through the city before they can merge into the Hangang River. This topographic characteristic often led to flooding in the city, and a number of dredging projects were conducted by many kings in response. The largest dredging project was executed by King Yeongjo(r. 1724~1776).

『태종실록』 권22
太宗實錄 卷22
Annals of King Taejong, Vol. 22
국가기록원 부산기록관

개거도감開渠都監을 설치하고 성산군星山君 이직李稷, 공조 판서工曹判書 박자청朴子靑, 지의정부사知議政府事 이응李膺을 제조提調로 삼고, 개천을 준설할 기초를 마련하고 전라도·경상도·충청도 3도의 군인으로 하여금 정월 15일에 역사를 시작하게 하였다.

『태종실록』 11년(1411) 윤12월 14일

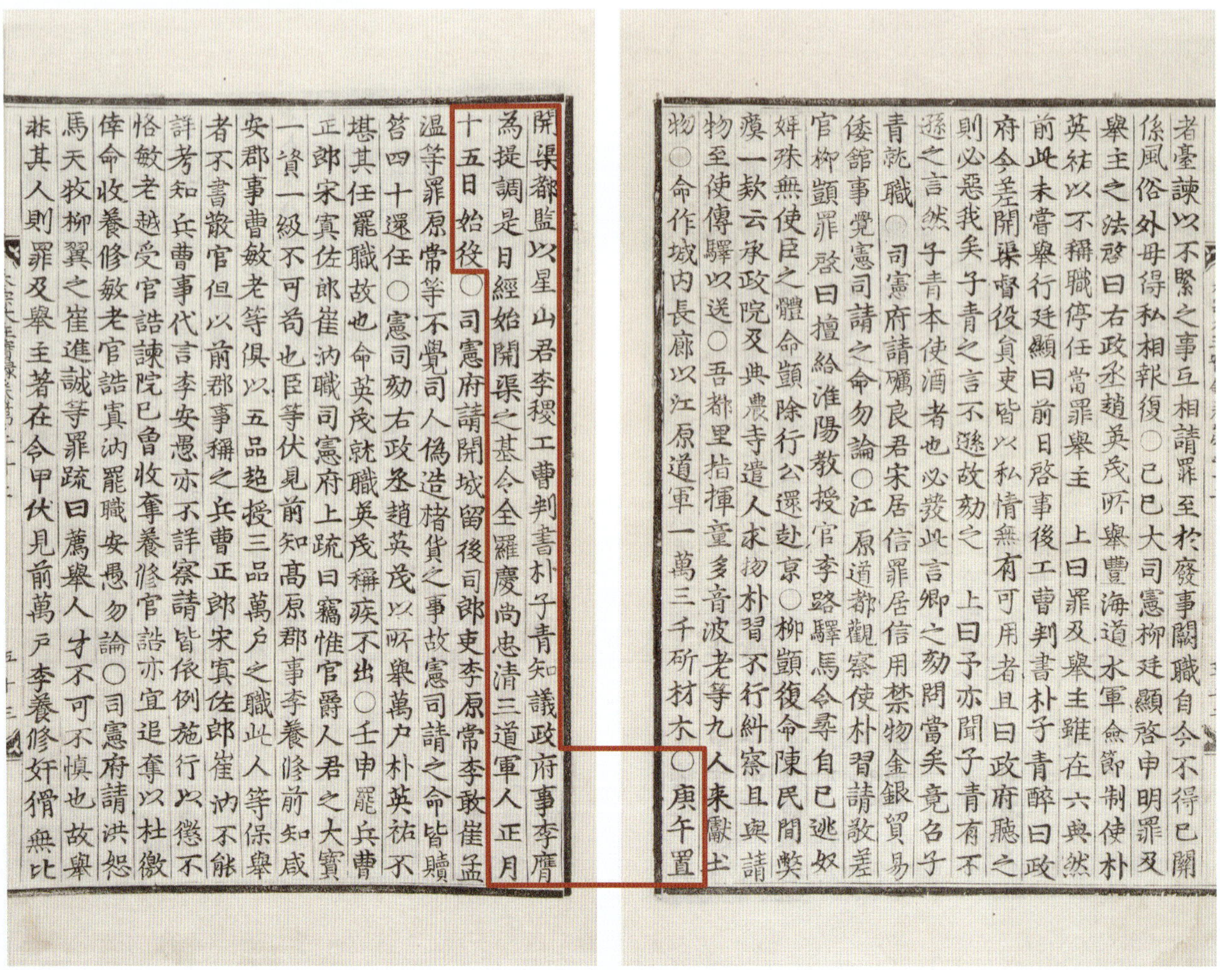

者臺諫以不緊之事互相請罪至於廢事闕職自今不得已闕
係風俗外毋得私相報復○己巳大司憲柳廷顯啓申明罪及
擧主之法啓曰右政丞趙英茂所擧豐海道水軍僉節制使朴
英祐以不稱職停任當罪擧主 上曰罪及擧主雖在六典然
前此未嘗擧行廷顯曰前日啓事後工曹判書朴子靑醉曰政
府令差開渠督役員吏皆以私情無有可用者且曰政府聽之
則必惡我矣子靑之言不遜故劾之 上曰予亦聞子靑有不
遜之言然子靑本使酒者也必發此言卿之劾悶當矣竟名子
靑就職○司憲府請礪良君宋居信罪居信用禁物金銀貿易
倭館事覺憲司請之命勿論○江原道都觀察使朴習請敎差
官柳顗罪啓曰擅給淮陽敎授官李路驛馬令尋自己逃奴
婢殊無使臣之體命顗除行公還赴京○柳顗復命陳民間弊
瘼一款云承政院及典農寺遣人求物朴習不行糾察且與請
物至使傳驛以送○吾都里指揮童多音波老等九人來獻土
物○命作城內長廊以江原道軍一萬三千斫材木○庚午置
開渠都監以星山君李稷工曹判書朴子靑知議政府事李膺
爲提調是日經始開渠之基令全羅慶尙忠淸三道軍人正月
十五日始役○司憲府請開城留後司郎吏李原常李敢崔孟
溫等罪原常等不覺司人僞造楮貨之事故憲司請之命皆贖
笞四十還任○憲司劾右政丞趙英茂以所擧萬戶朴英祐不
堪其任罷職故也命英茂就職英茂稱疾不出○壬申罷兵曹
正郎宋賓佐郎崔汭職司憲府上疏曰竊惟官爵人君之大寶
一資一級不可苟也臣等伏見前知高原郡事李養修前知咸
安郡事曹敏老等俱以五品超授三品萬戶之職此人等保擧
者不書散官但以前郡事稱之兵曹正郎宋賓佐郎崔汭不能
詳考知兵曹事代言李安愚亦不詳察請皆依例施行以懲不
恪敏老越受官誥諫院已曾收奪養修官誥亦宜追奪以杜徼
倖命收養修敏老官誥賓汭罷職安愚勿論○司憲府請洪恕
馬天牧柳翼之崔進誠等罪疏曰薦擧人才不可不愼也故擧
非其人則罪及擧主著在令甲伏見前萬戶李養修奸猾無比

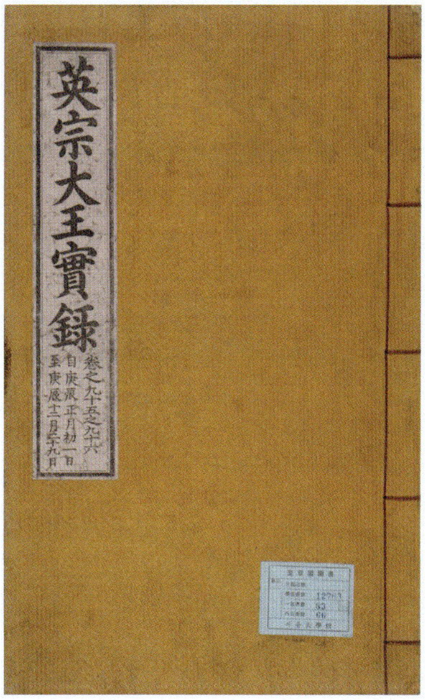

『영조실록』 권95
英祖實錄 卷95
Annals of King Yeongjo, Vol. 95
국가기록원 부산기록관

전교하기를, "준천濬川의 대책은 역시 모색하기 어려운 일이더니, 이제는 그 실마리를 알 수 있겠다. 이미 조그마한 책자를 하나 만들도록 명하여 『준천사실濬川事實』이라고 이름하였으니, 책이 완성된 뒤에는 서문을 지어 내리겠다. 만약 계속하여 신칙하는 방도가 없으면 전공前功이 아깝게 되니, 제언사堤堰司의 사례에 의하여 병조판서, 한성판윤, 삼군문대장이 준천사濬川司를 예겸例兼하고 삼군문참군三軍門參軍이 준천사낭청濬川司郎廳을 예겸하되, 참군을 역임한 다음에 우선으로 도총부都摠府에 의망할 것을 전조에 신칙하라." 하였다.

『영조실록』 36년(1760) 3월 16일

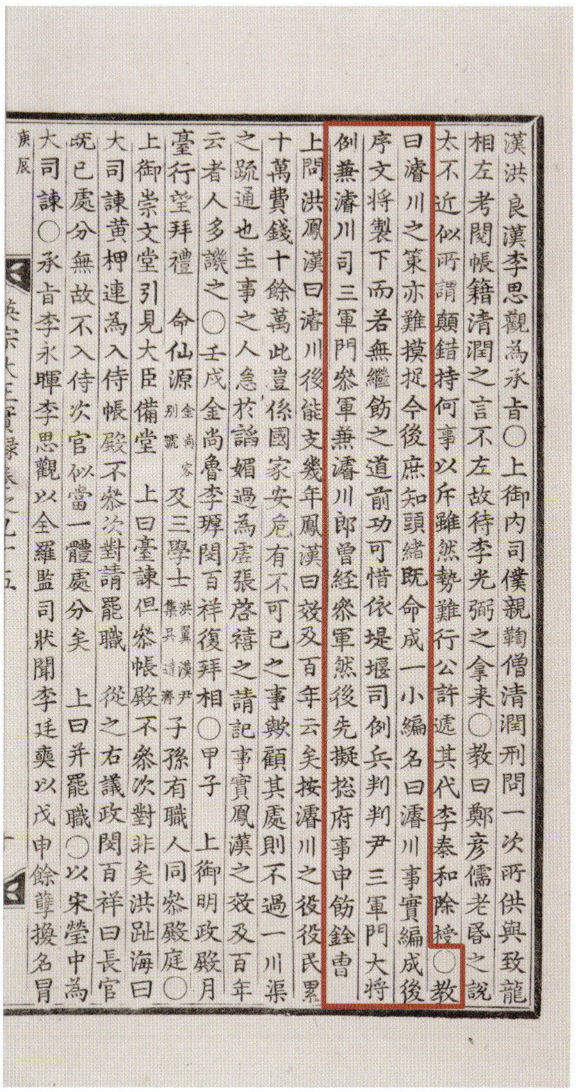

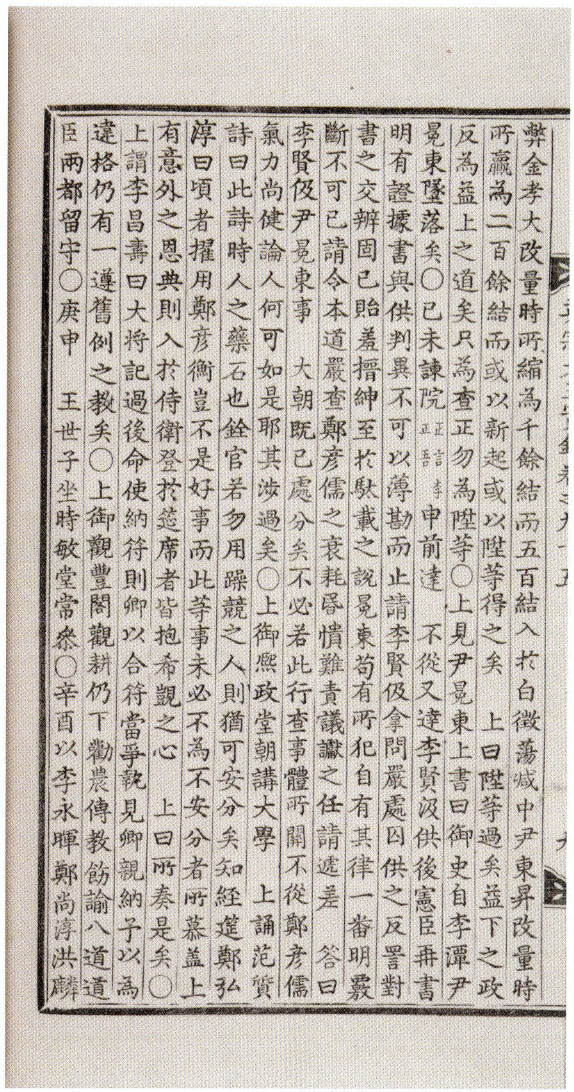

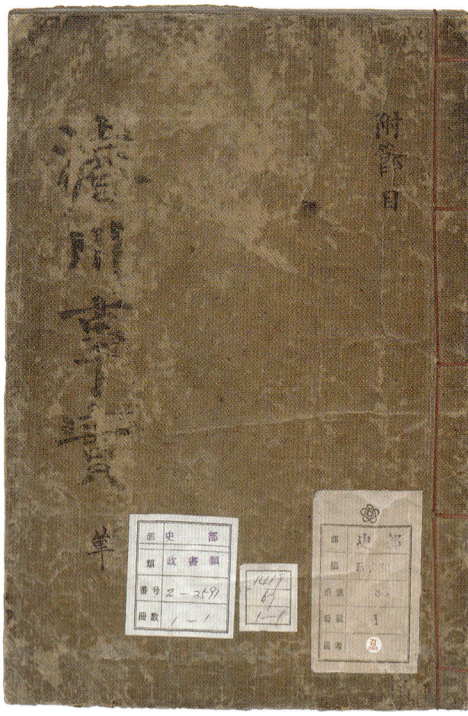

『준천사실』
濬川事實
Records of the Dredging Project
1760년
35.5×22.6
한국학중앙연구원 장서각

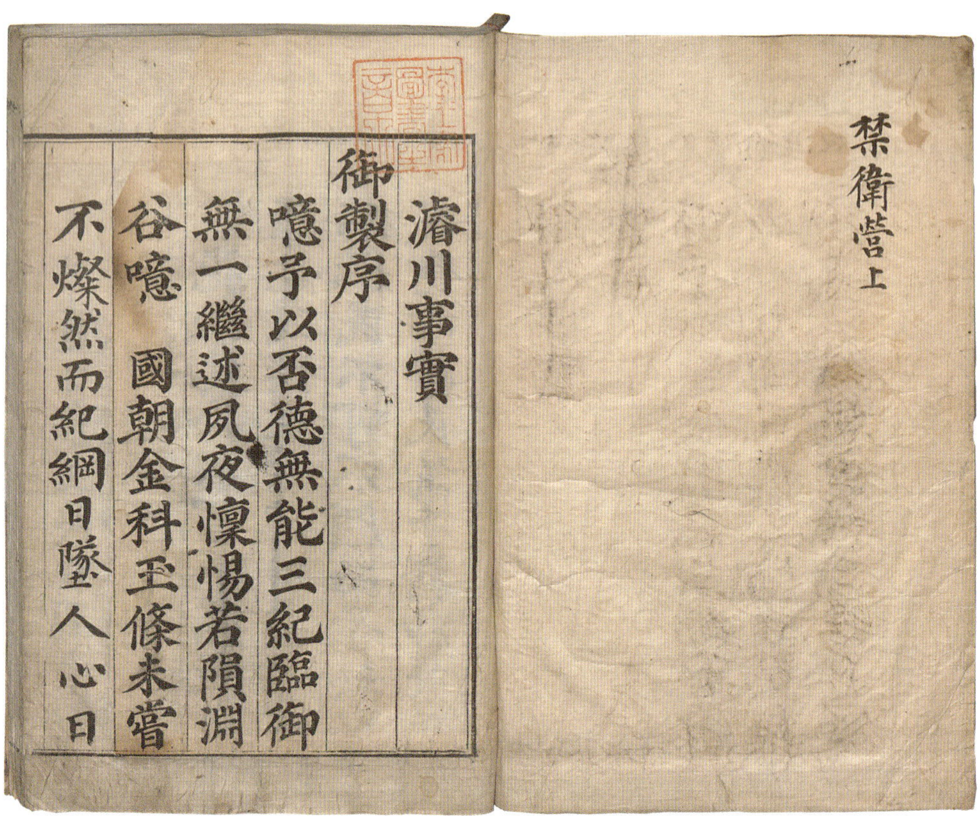

수문상친림관역도
水門上親臨觀役圖
Inspection of the Water Gates by King Yeongjo
1760년
29.4×39.4
버클리대학교 동아시아도서관

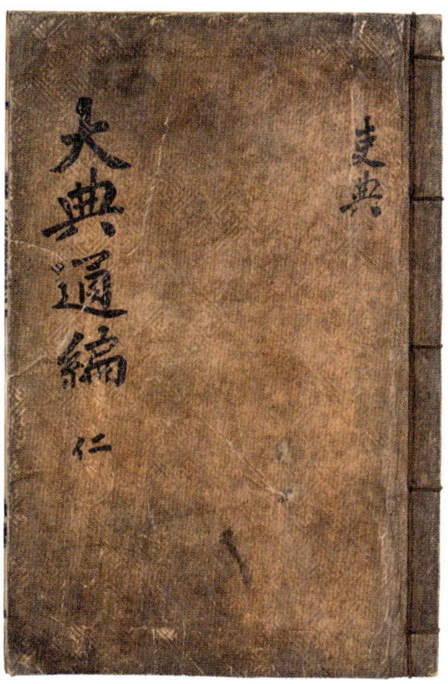

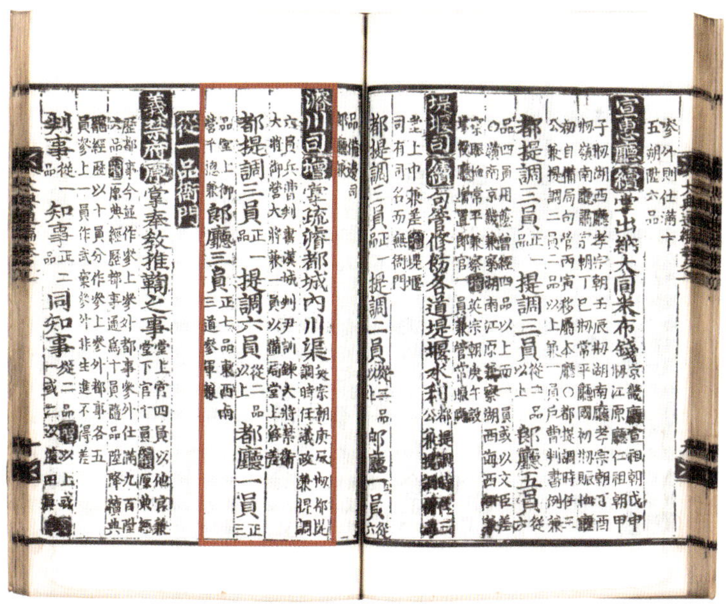

『대전통편』
大典通編
Comprehensive National Code
1785년
37.0×30.9×2.5
복제

대전통편[大典通編]에는 관청과 중앙 및 관원에 대한 고과법[考課法]을 비롯해 지방제도 운영에 새로이 도입된 관행이 법제화 되었다. 도성의 하천 준설책의 하나로 영조가 설치한 준천사가 포함되어 있다.

2 모두의 다리 수표교

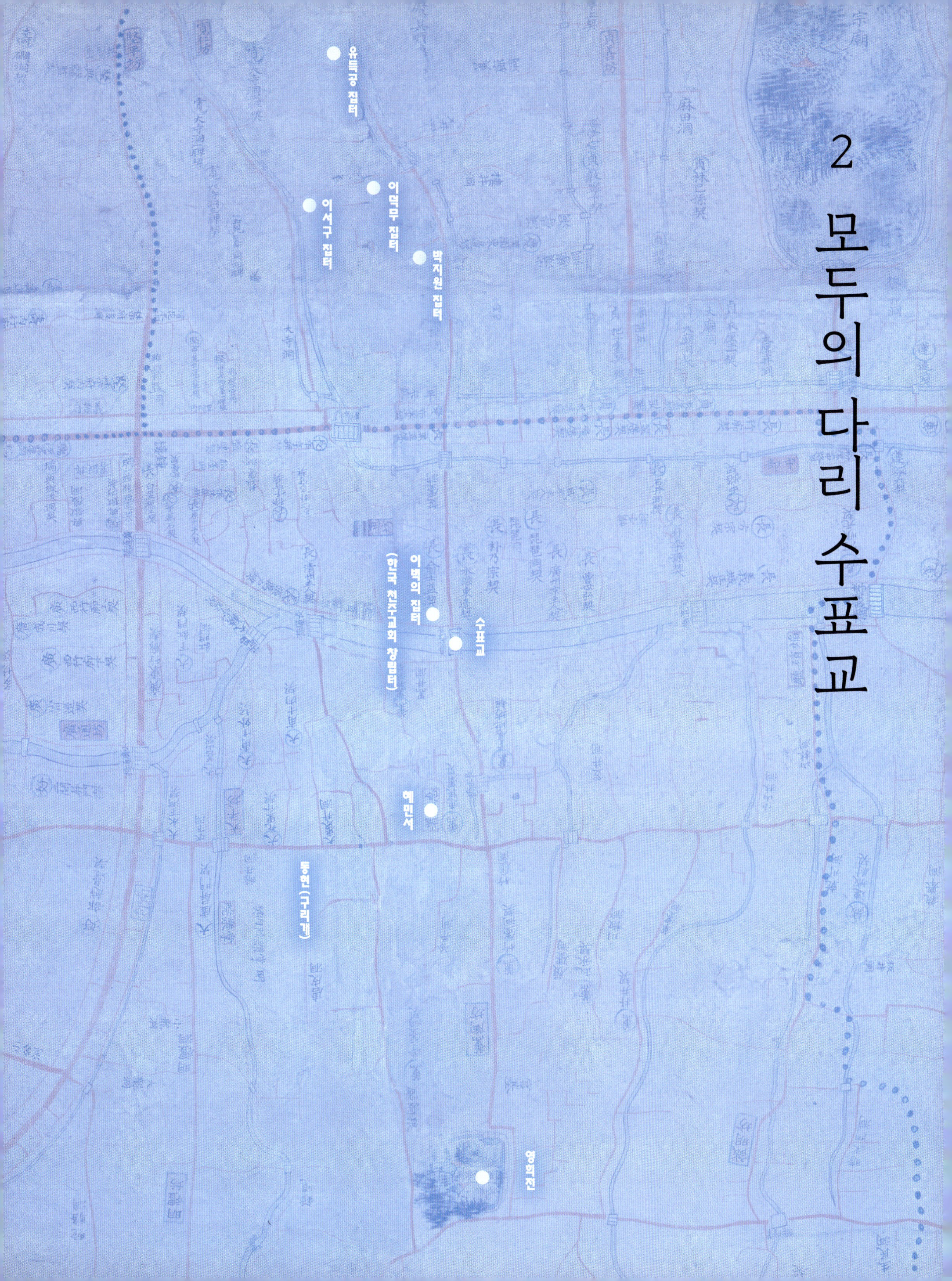

모두의 다리 수표교

Supyo-gyo Bridge, a Bridge for Everyone

수표교 주변은 종로 거리와 시전이 인접한 상업 중심지이자 다양한 문화가 교차하는 공간이었다. 영희전을 향하는 어가御駕가 지나고 다리밟기가 성행했으며, 풍류를 즐겼던 이들의 시제詩題에도 수표교가 단골로 등장했다. 또한 한국 천주교회 창립에 기여한 이벽李蘗의 집이 근처에 있었고, 약방거리인 혜민서惠民署골이 인접하였으며 임오군란壬午軍亂 이후 조선에 들어온 중국인들의 삶터이기도 했다.

The neighborhood surrounding the Supyo-gyo Bridge was Seoul's center of commerce and culture, close to the Jongno Avenue and the city market. The bridge often appears in literature, in writings about the royal procession headed to the Yeonghuijeon Shrine, the bridge-treading festival, and in poems written by people who enjoy the local arts and scenery. In addition, Yi Byeok - who contributed to introduction of the Catholic Church in Korea - lived nearby. The neighborhood was close to the Hyeminseogol Alley, lined with pharmacies. Chinese immigrants who moved to Joseon after the 1882 *Imo Revolt* were permitted to live in this area as well.

수선전도
首善全圖
Map of Seoul
1864년
161.2×84.8

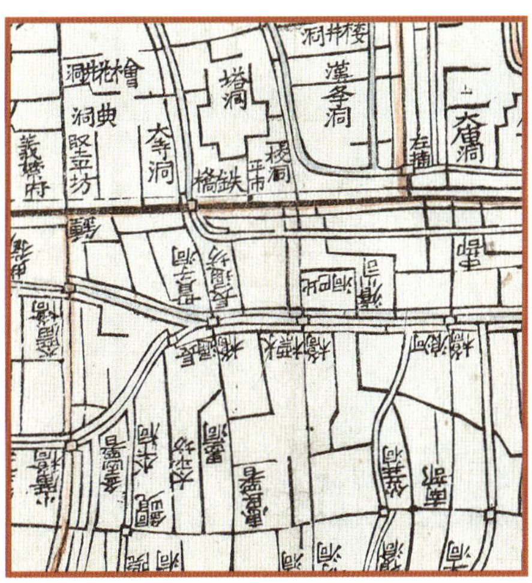

19세기 한양의 주요 도로와 시설, 궁, 사직, 봉수, 산세 등을 수록한 지도이다.
청계천의 준천사와 수표교를 확인할 수 있다.

도성대지도
都城大地圖
Great Map of the Capital
180.0×213.0
1753~1764년

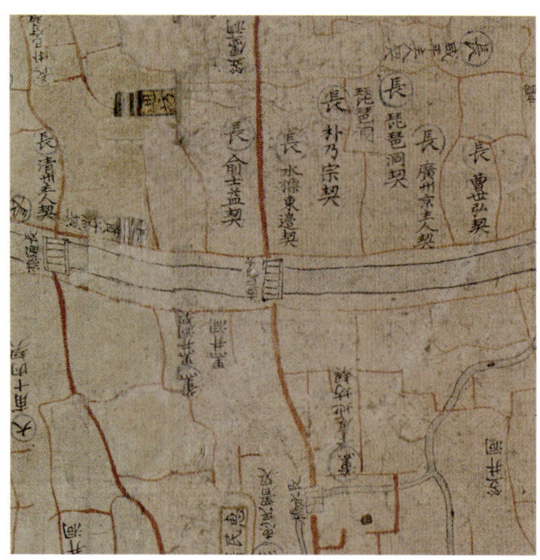

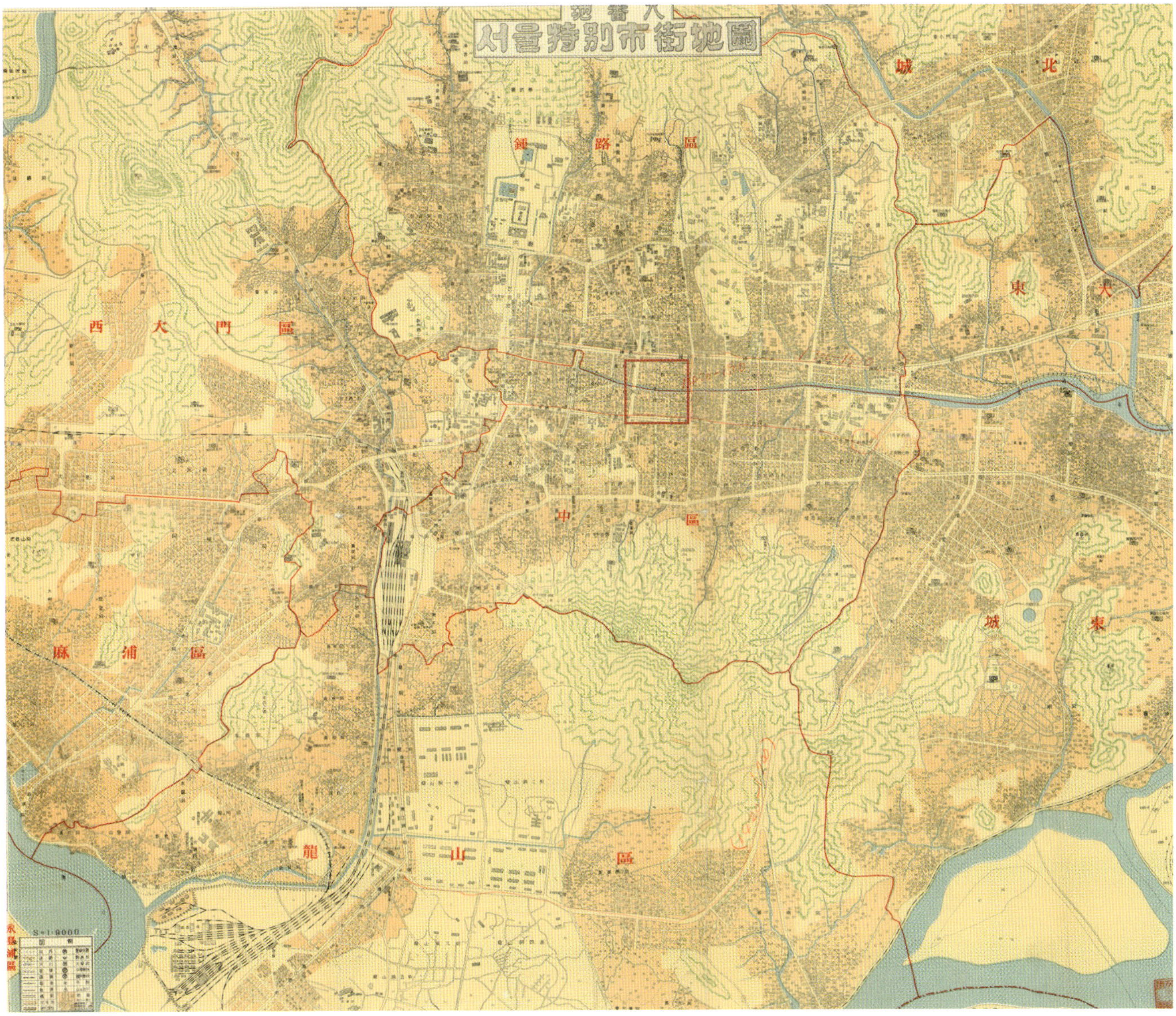

지번입서울특별시가지도
地番入서울特別市街地圖
Street Map of Seoul with Street Numbers
77.0×107.2
1958년

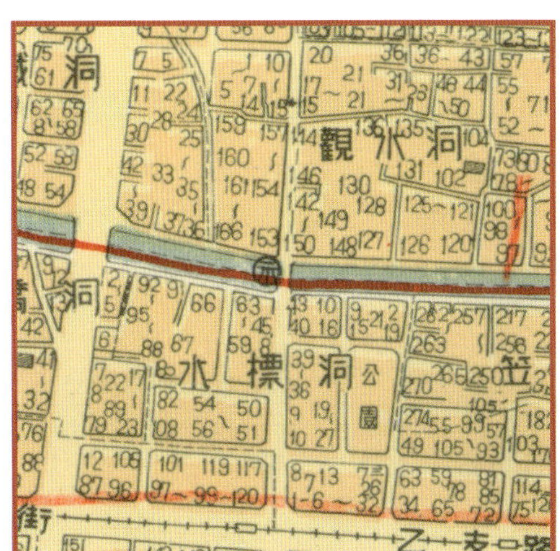

수표교는 1959년 12월 전격적으로 이전하기 전까지 수표동과 관수동 사이에 자리하고 있었다.

2_1 왕의 길, 영희전 가는 길

The King's Road, the Road to Yeonghuijeon Shrine

수표교는 남부南部 훈도방薰陶坊에 있는 영희전永禧殿으로 가는 통행로이기도 하였다. 영희전은 태조 이하 역대 왕들의 어진御眞을 모시고 제사 지내던 전각으로, 숙종에서 정조대를 거치면서 종묘에 버금가는 왕실 조상의 공적 기념 장소로 자리 잡았다. 설, 한식, 단오, 추석, 동지, 섣달그믐날 등 명절이 되면 왕은 이곳에서 참배하였다.

The royal procession heading to Yeonghuijeon Shrine in Hundo-bang District in the southern part of the city would travel across Supyo-gyo Bridge. The shrine was where the portraits of previous kings were enshrined, and an official ceremonial place, gradually came to enjoy almost equal status and prestige as Jongmyo Shrine(Joseon's main royal shrine) from the reign of King Sukjong(r. 1674~1720) to that of King Jeongjo(r. 1776~1800). Kings would visit the shrine on lunar calendar holidays such as the New Year's Day, *Hansik* Day(105 days after the winter solstice), *Dano* Day(5th day of the 5th month), *Chuseok* Thanksgiving Day(15th day of the 8th month), *Dongji* Day(winter solstice), and the New Year's Eve to perform ancestral rituals.

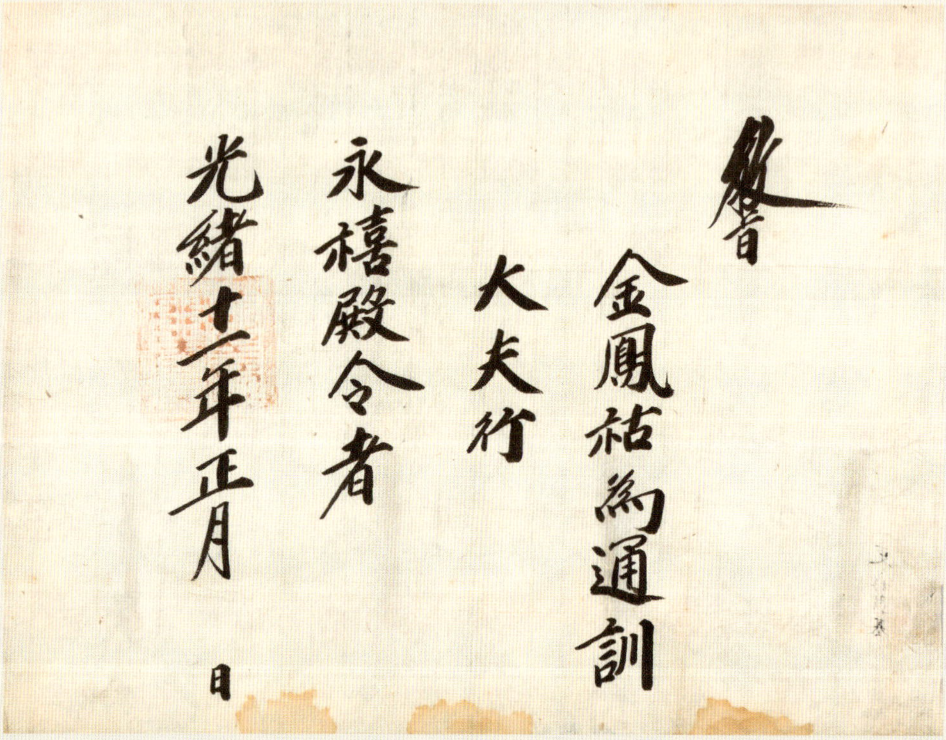

영희전령 교지
永禧殿令 教旨
Appointment Certificate as the Officer of Yeonghuijeon Shrine
1885년
55.2×72.3

1865년(고종 22) 영희전의 업무를 주관하는 영令을 지냈던 김봉호를 임명할 때 내렸던 교지이다.

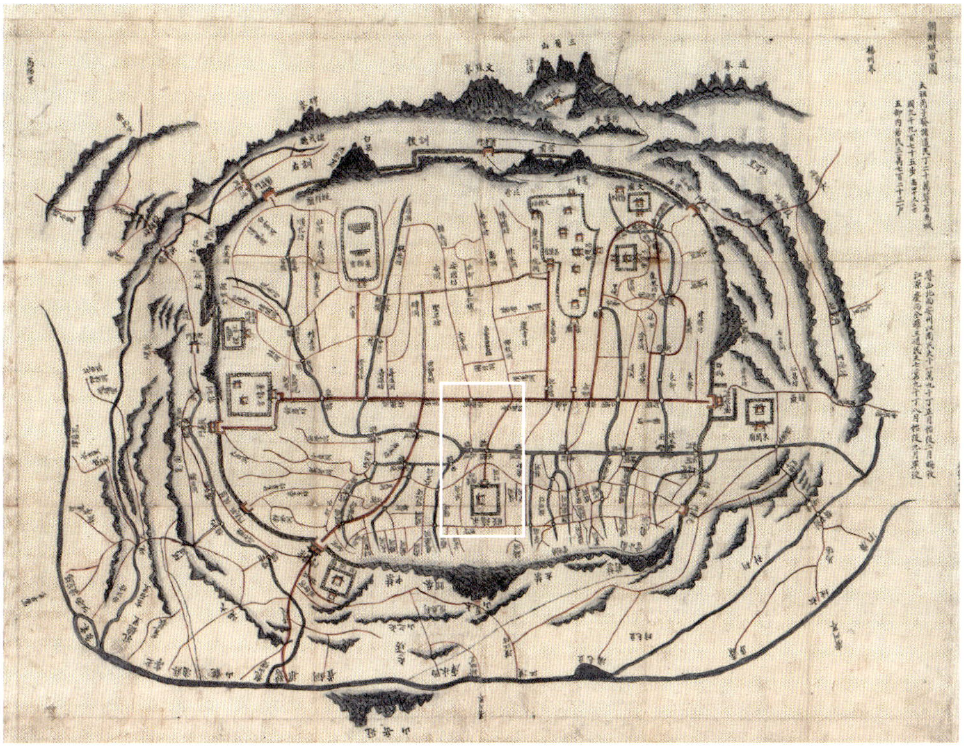

조선성시도
朝鮮城市圖
Map of Seoul
1830년
66.0×86.0

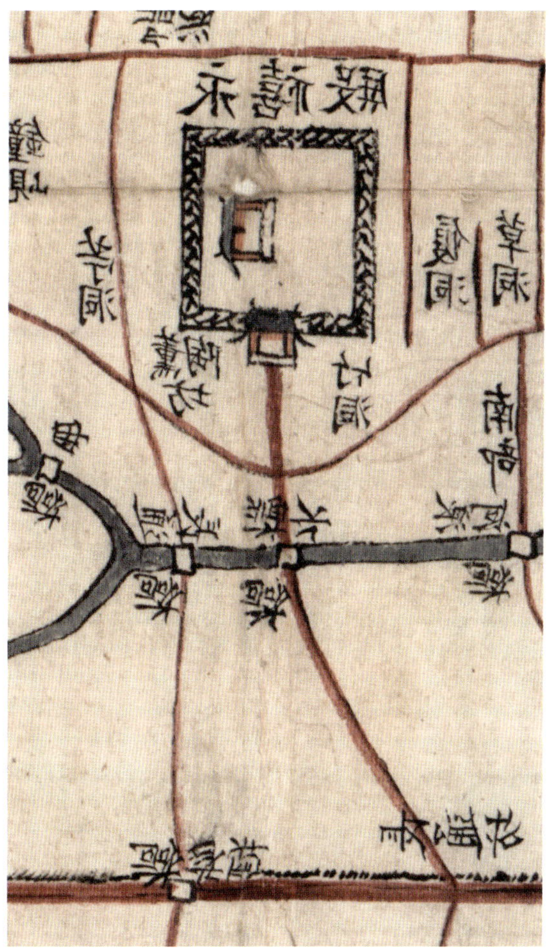

조선시대 수표교는 왕들이 남부 훈도방薰陶坊에 있는 영희전으로 가는 통행로였다.

영희전
永禧殿
Yeonghuijeon Shrine
대한제국
11.9×16.4
국립중앙박물관

영희전은 조선 후기 태조 이하 역대 왕들의 어진을 모시고 제사 지내던 곳으로, 도성의 대표적인 진전이다.
특히 설, 한식, 단오, 추석, 동지와 같은 명절에는 임금이 이곳을 전배하였다.
숙종에서 정조대를 거치면서 종묘에 버금가는 왕실의 기념 장소로 자리 잡았으며 1907년까지 유지되었다.

영희전 처마
永禧殿
Eaves of Yeonghuijeon Shrine
대한제국
16.4×11.9
국립중앙박물관

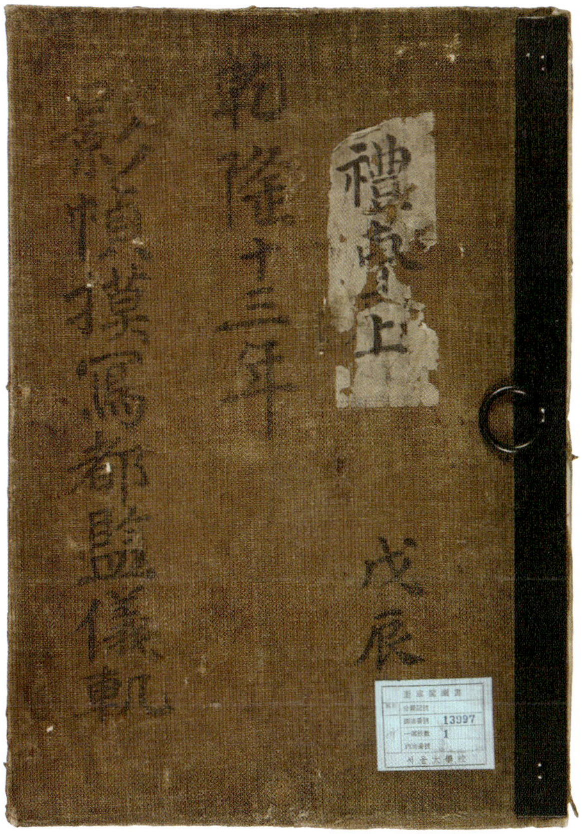

『영정모사도감의궤』
影幀摸寫都監儀軌
Formality Manual from the Office in Charge of Drawing or Copying Royal Portraits of the Kings
1748년
36.6×32.7
서울대학교 규장각한국학연구원

1748년(영조 24) 숙종 어진을 모사할 때의 의궤이다.
영조는 숙종의 어진을 영희전에 봉안하러 가면서 자신이 수가隨駕하는 행렬을 반차도班次圖로 그리게 하였다.

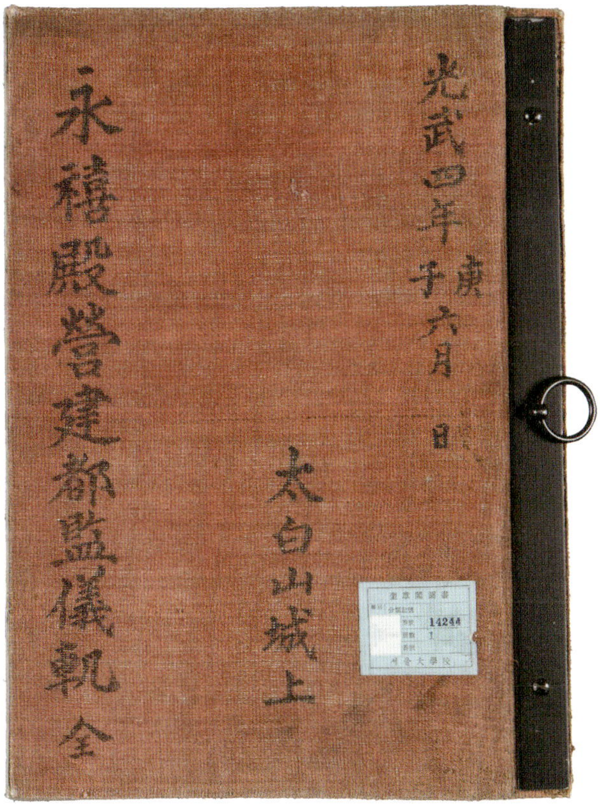

『영희전영건도감의궤』
永禧殿營建都監儀軌
Royal Protocols of Yeonghuijeon Shrine
보물 제1901-48호
1900년
45.2×33.0
서울대학교 규장각한국학연구원

1900년(고종 37) 영희전을 지금의 중구 저동에서 종로구 연건동으로 옮길 때 제작한 의궤이다.
1880년대부터 수표교 일대에 외국 상인들이 자리 잡고 명동성당이 건립되면서 영희전은 국가적 제향 장소로서의 위상에 타격을 입었다.
장헌세자를 장종莊宗으로 추숭하면서 사당이 있던 경모궁이 비게 되자 이 자리에 영희전을 새로 짓고 어진을 옮겨 봉안하였다.

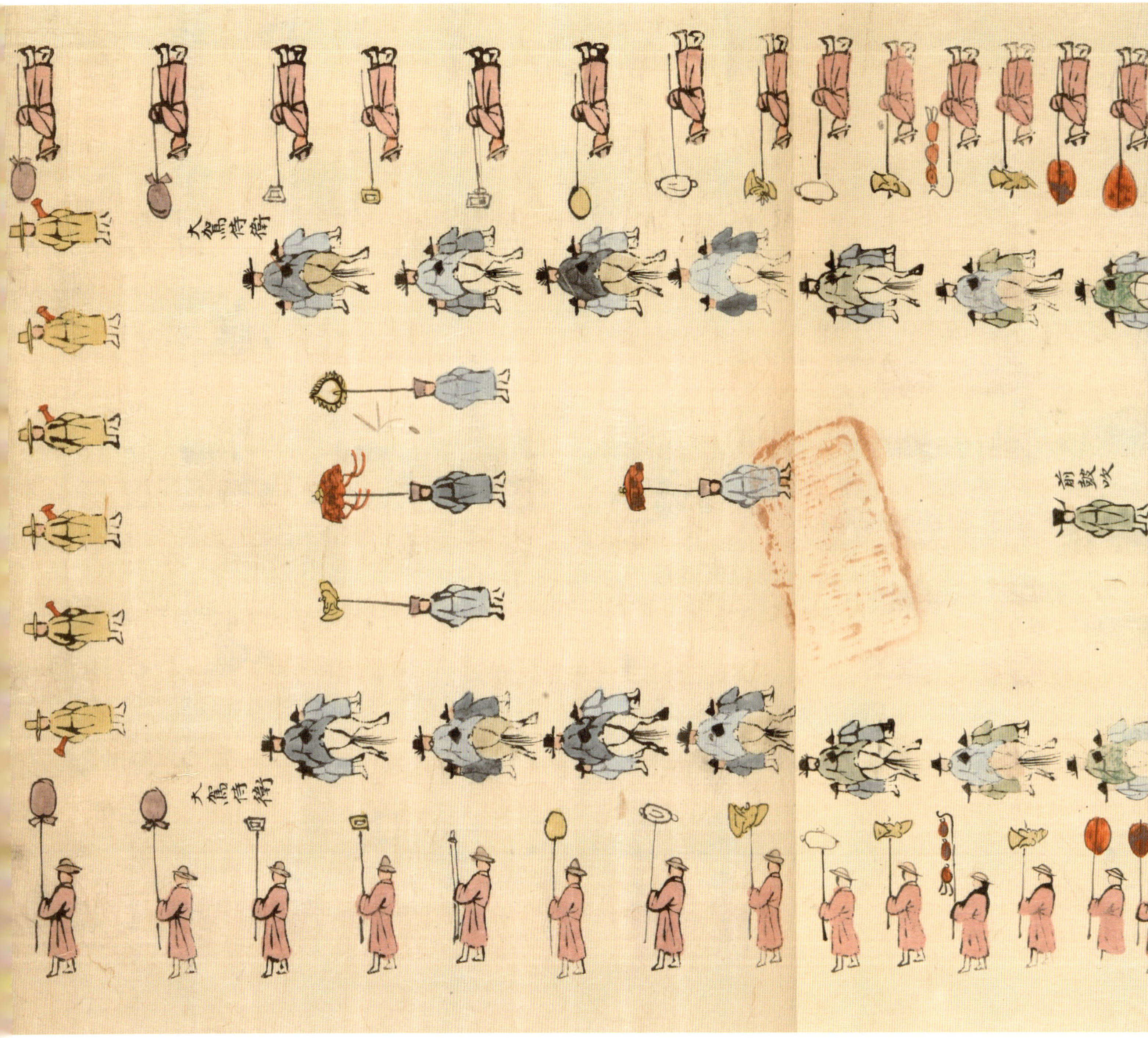
大駕侍衛
大駕侍衛
前鼓吹

『영정모사도감의궤』 반차도

第一室神輦
繖扇
繖扇

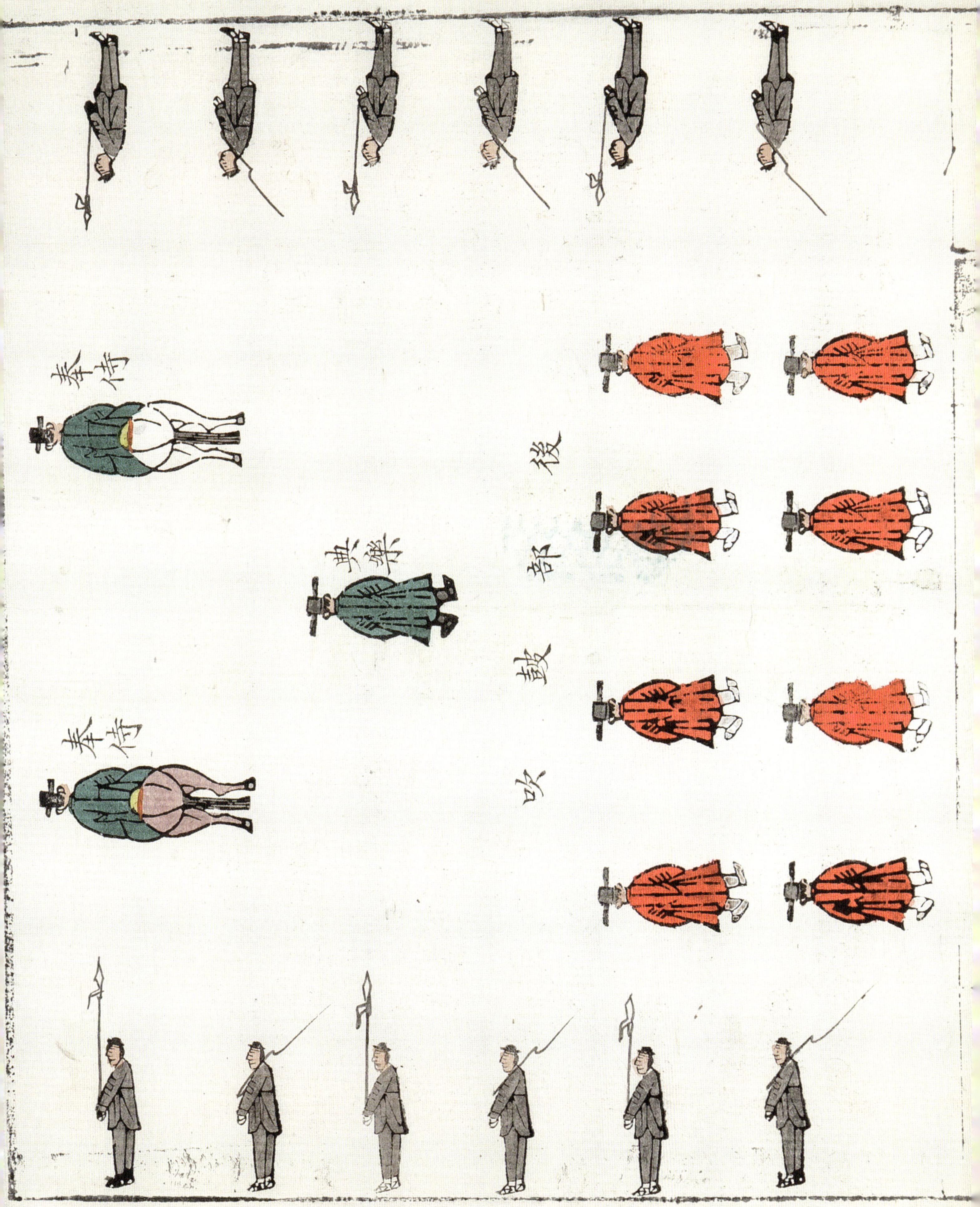

『영희전영건도감의궤』 반차도

2_2 다리에서 만난 풍류

Enjoying Arts & Scenery in the Supyo-gyo Bridge Neighborhood

수표교 일대는 명실상부한 한양의 번화가로 18세기 당대의 지성으로 유명했던 박지원(朴趾源), 박제가(朴齊家), 유득공(柳得恭), 이덕무(李德懋), 이서구(李書九), 백동수(白東脩) 등의 지식인들이 모여 살았다. 그들은 교분(交分)을 맺고 학문과 문예를 논했으며 실학의 꽃을 피운 백탑파(白塔派)를 탄생시켰다. 함께 차를 마시거나 술잔을 기울이며 한양 곳곳의 풍경을 묘사하는 시를 지었는데 간간이 수표교가 등장하는 작품들로 풍류의 흔적을 남겼다. 이들의 뒤를 이어 장승업(張承業)과 같은 걸출한 화원도 수표교 인근에 거하며 활동을 하였다.

The Supyo-gyo Bridge neighborhood was the commercial and cultural center of Seoul in the 18th century. Leading thinkers such as Bak Ji-won, Bak Je-ga, Yu Deuk-gong, Yi Deok-mu, Yi Seo-gu, and Baek Dong-su often met to discuss their studies and literature, forming the *Baektap*("white tower") group that opened the door to the rise of *silhak*("practical studies"). The bridge can be found in various poems written by these scholars. Jang Seung-eop, a famous painter, also lived and worked in this area in the 19th century.

박지원 초상
朴趾源肖像
Portrait of Bak Ji-won
전傳 박주수朴珠壽
조선후기
37.0×29.5
실학박물관
복제

박지원(1737~1805)은 조선후기 실학자이다.
호는 연암燕巖으로 북학파를 세워 영수가 되었다.
홍대용, 박제가, 유득공, 이덕무 등과 학문적으로 교유하였다.

『연암집』
燕巖集
Collection of Bak Ji-won's Writings
박지원朴趾源
1932년
25.0×14.0

연암집燕巖集은 박지원의 문집으로 1900년대에 초록의 형태로 간행되었다. 이른바 연암체라 불리는 고유한 문체를 사용하였으며 수표교에 관한 글을 수록하고 있다.

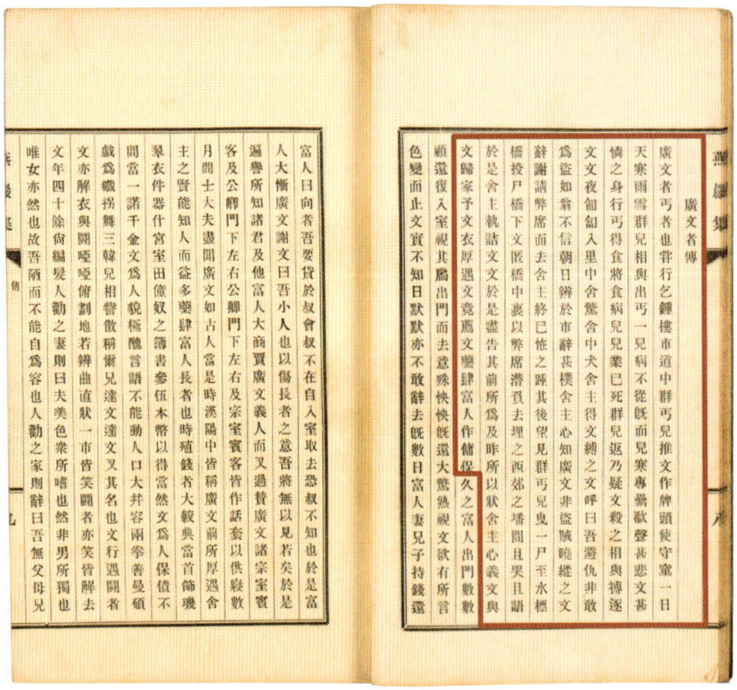

廣文者傳
廣文者丐者也嘗行乞鍾樓市道中群丐兒推文作牌頭使守窠一日
天寒雨雪群兒相與出丐一兒病不從旣而兒寒專纍欷聲甚悲文甚
憐之身行丐得食將食病兒兒業已死群兒返乃疑文殺之相與搏逐
文文夜匍匐入里中舍驚舍中犬舍主得文縛之文呼曰吾避仇非敢
爲盜如翁不信朝日辨於市辭甚樸舍主心知廣文非盜賊曉縱之文
辭謝請弊席而去舍主終已恠之踵其後望見群丐兒曳一尸至水標
橋投尸橋下文匿橋中裹以弊席潛負去埋之西郊之墦間且哭且語
於是舍主執詰文文於是盡告其前所爲及昨所以狀舍主心義文與
文歸家予文衣厚遇文竟薦文藥肆富人作傭保久之富人出門數數
顧還復入室視其扃出門而去意殊怏怏旣還大驚熟視文欲有所言
色變而止文實不知日默默亦不敢辭去旣數日富人妻兄子持錢還

富人曰向者吾要貸於叔會叔不在自入室取去恐叔不知也於是富
人大慚廣文謝文曰吾小人也以傷長者之意吾將無以見若矣於是
遍譽所知諸君及他富人大商賈廣文義人而又過贊廣文諸宗室賓
客及公卿門下左右公卿門下左右及宗室賓客皆作話套以供寢數
月間士大夫盡聞廣文如古人當是時漢陽中皆稱廣文前所厚遇舍
主之賢能知人而益多藥肆富人長者也時殖錢者大較典當首飾璣
翠衣件器什宮室田僮奴之簿書參伍本幣以得當然文爲人保債不
問當一諾千金文爲人貌極醜言語不能動人口大幷容兩拳善曼碩
戲爲鐵拐舞三韓兒相訾傲稱儞兒達文達文又其名也文行遇鬪者
文亦解衣與鬪啞啞俯劃地若辨曲直狀一市皆笑鬪者亦笑皆解去
文年四十餘尙編髮人勸之妻則曰夫美色衆所嗜也然非男所獨也
唯女亦然也故吾陋而不能自爲容也人勸之家則辭曰吾無父母兄

광문廣文이라는 자는 거지였다. 일찍이 종루鐘樓의 저잣거리에서 빌어먹고 다녔는데, 거지 아이들이 광문을 추대하여 패거리의 우두머리로 삼고, 소굴을 지키게 한 적이 있었다.

하루는 날이 몹시 차고 눈이 내리는데, 거지 아이들이 다 함께 빌러 나가고 그 중 한 아이만이 병이 들어 따라가지 못했다. 조금 뒤 그 아이가 추위에 떨며 거듭 흐느끼는데 그 소리가 몹시 처량하였다. 광문이 너무도 불쌍하여 몸소 나가 밥을 빌어 왔는데, 병든 아이를 먹이려고 보니 아이는 벌써 죽어 있었다. 거지 아이들이 돌아와서는 광문이 그 애를 죽였다고 의심하여 다 함께 광문을 두들겨 쫓아내니, 광문이 밤에 엉금엉금 기어서 마을의 어느 집으로 들어가다가 그 집 개를 놀라게 하였다. 집주인이 광문을 잡아다 꽁꽁 묶으니, 광문이 외치며 하는 말이,

"나는 날 죽이려는 사람들을 피해 온 것이지 감히 도적질을 하러 온 것이 아닙니다. 영감님이 믿지 못하신다면 내일 아침에 저자에 나가 알아보십시오."하는데, 말이 몹시 순박하므로 집주인이 내심 광문이 도적이 아닌 것을 알고서 새벽녘에 풀어 주었다. 광문이 고맙다는 인사를 하고는, 떨어진 거적을 달라 하여 가지고 떠났다.

집주인이 끝내 몹시 이상히 여겨 그 뒤를 밟아 멀찍이서 바라보니,거지 아이들이 시체 하나를 끌고 수표교水標橋에 와서 그 시체를 다리 밑으로 던져 버리는데, 광문이 다리 속에 숨어 있다가 떨어진 거적으로 그 시체를 싸서 가만히 짊어지고 가, 서쪽 교외 공동묘지에다 묻고서 울다가 중얼거리다가 하는 것이었다.

이에 집주인이 광문을 붙들고 사유를 물으니, 광문이 그제야 그전에 한 일과 어제 그렇게 된 상황을 낱낱이 고하였다. 집주인이 내심 광문을 의롭게 여겨, 데리고 집에 돌아와 의복을 주며 후히 대우하였다. 그리고 마침내 광문을 약국을 운영하는 어느 부자에게 천거하여 고용인으로 삼게 하였다.

…후략…

박지원『연암집』권8 별집 방경각외전「광문자전廣文者傳」

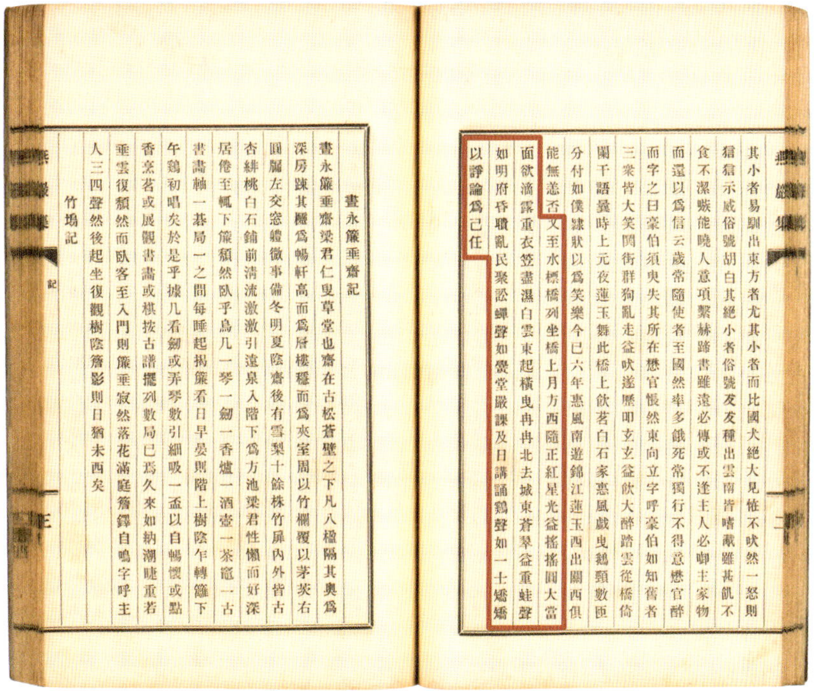

다시 수표교水標橋에 당도하여 다리 위에 줄지어 앉으니, 달은 바야흐로 서쪽으로 기울어 순수히 붉은빛을 띠고 별빛은 더욱 흔들흔들하며 둥글고 커져서 마치 얼굴 위로 방울방울 떨어질 듯하며, 이슬이 짙게 내려 옷과 갓이 다 젖었다. 흰 구름이 동쪽에서 일어나 옆으로 뻗어 가다 천천히 북쪽으로 옮겨 가니 성城 동쪽에는 청록색이 더욱 짙어졌다. 맹꽁이 소리는 눈 어둡고 귀먹은 원님 앞에 난민亂民들이 몰려와서 송사訟事하는 것 같고, 매미 소리는 일과를 엄히 지키는 서당에서 시험일에 닥쳐 글을 소리 내어 외우는 것 같으며, 닭 울음소리는 한 선비가 홀로 나서 바른말 하는 것을 자기 소임으로 삼는 것 같았다.

박지원『연암집』권10 별집「취하여 운종교雲從橋를 거닌 기록」

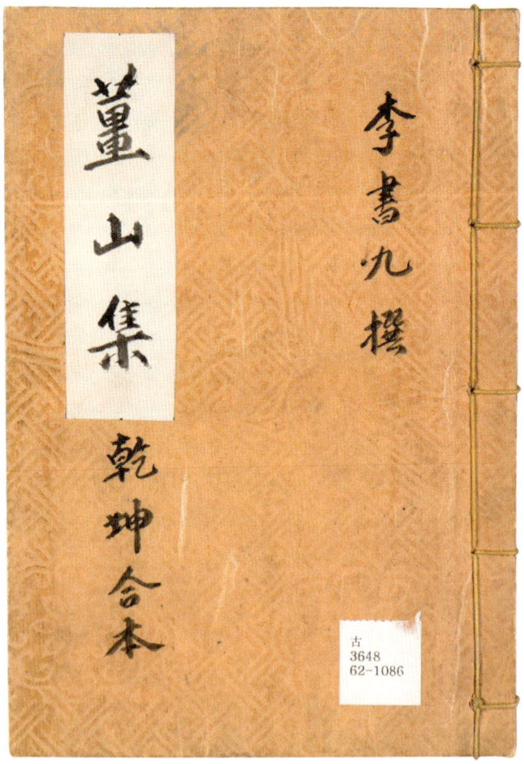

『강산초집』
薑山初集
Essays by Yi Seo-gu
이서구李書九
1789년
22.0×15.4
국립중앙도서관

『한객건연집』
韓客巾衍集
Collection of Poems by Four Korean Scholars
이덕무李德懋·유득공柳得恭·박제가朴齊家·이서구李書九
조선후기
31.5×19.8

이덕무·유득공·박제가·이서구 4명의 시를 뽑아 엮은 시집으로, 『사가시집四家詩集』이라고도 불린다. 1776년 유득공의 숙부인 유금이 연행 중 만난 청나라 문인 이조원李調元과 반정균潘廷筠에게 책 제목과 서문을 받고 돌아와 조선의 문인들 사이에서 유명해졌다. 『한객건연집』은 '조선의 나그네가 보따리에 싸온 시집'이라는 뜻이다.

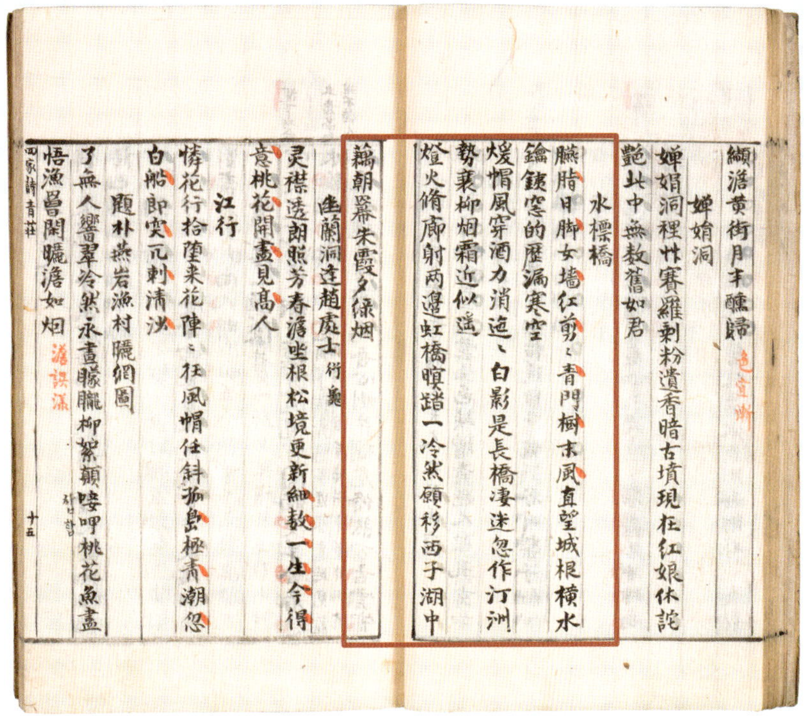

臙脂日脚女墻紅	연지 빛 햇살이 담장 붉게 물들이고
剪剪青門樹末風	바람은 푸른 문의 나무 끝에 불어온다.
直望城根橫水鑰	곧장 성 밑 바라보니 수문이 비끼었고
鐵窓的歷漏寒空	쇠창에는 또렷이 찬 하늘이 새어든다.
煖帽風穿酒力消	모자에 바람 스며들어 술기운 사라지니
迤迤白影是長橋	비스듬한 흰 그림자 이것이 긴 다리로세.
凄迷忽作汀洲勢	싸늘하여 한 순간 물가 기운 감돌더니
衰柳煙霜近似遙	시든 버들 안내 서리 가깝고도 먼 듯해라.
燈火脩廊射兩邊	긴 행랑의 양편에서 등불이 비추는데
虹橋暝踏一泠然	어둠 속에 굽은 다리 건노니 싸늘하다.
願移西子湖中藕	바라건대 서자호의 연꽃을 옮겨 심어
朝冪朱霞夕綠煙	아침저녁 붉은 노을, 푸른 안개 덮였으면.

『한객건연집』 이덕무 「수표교水標橋」

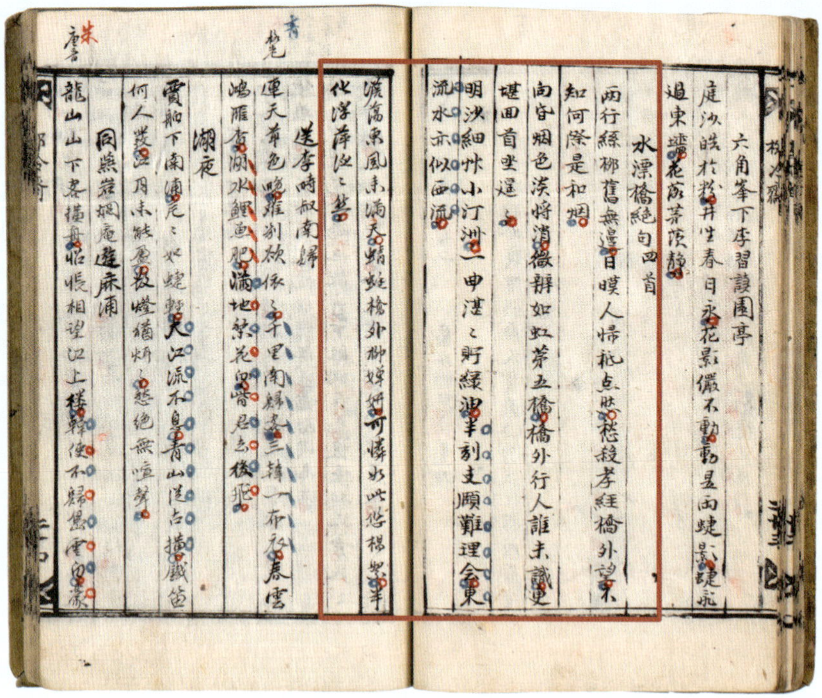

兩行絲柳舊無邊	두 줄기 버들은 예전부터 가없어
日暮人歸祗黯然	해질녘 돌아오는 길목이 어둑하네.
愁殺孝經橋外望	효경교 다리 너머 구슬피 바라보니
不知何際是和煙	어디쯤서 연기와 하나가 되었는가.
向昏烟色澹將消	저물녘 뿌연 안개 담담히 사라질 쯤
微辨如虹第五橋	무지개 같은 제오교 희미하게 보이누나.
橋上行人雖未識	다리 위의 행인들을 비록 알지 못하나
更堪回首望遙遙	다시금 고개 돌려 아득히 바라본다.
明沙細艸小汀洲	환한 모래 여린 풀 조그마한 물가에
一曲湛湛貯綠油	한 굽이 담담하게 푸른 물 고여 있네.
半刻支頤難理會	턱 괴고 한참 봐도 이해하기 쉽지 않으니
東流水亦似西流	동으로 흐르는 물 서쪽으로 흐르는 듯.
澹蕩東風來滿天	하늘 가득 화창한 봄바람 불어와
蜻蛉橋外柳嬋娟	청령교 다리 가의 버들 빛은 곱구나.
可憐如此悠揚絮	가련하구나, 버들개지 이 같이 휘날리어
半化浮萍泛泛然	두둥실 반쯤은 부평초 되었으니.

『한객건연집』 유득공 「수표교절구水標橋絕句 4수首」

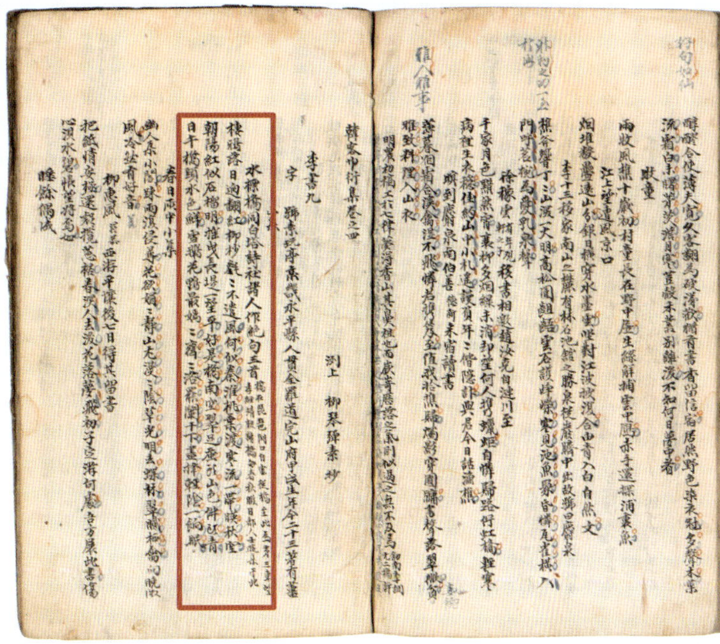

棲鴉落日廻翻紅	동지 깃든 까마귀 저녁 해에 붉고 날고
柳杪毿毿不遣風	버들가지 드리운 채 바람 한 점 없구나
何似秦淮桃葉渡	진회의 도엽도와 무엇인 비슷한가.
寒流一帶映秋空	차가운 물 한 줄기 가을 하늘 비추네.
朝陽紅似石榴明	붉은 아침 햇살 석류마냥 환하니
搖曳長堤一望平	끌려오듯 긴 제방 한눈에 뚝 트이네.
好是橋南空翠足	좋구나, 다리 남쪽 푸른 기운 가득하니
蠶頭山色佛頭青	잠두산 푸른 산 빛 부처 머리 비슷해라.
日午橋頭水色鮮	한 낮의 다리 맡엔 물빛도 고운데
雪鵝花鴨最嫣嫣	흰 거위, 꽃 오리가 그 중 가장 예쁘다
齊齊浴罷欄干下	난간의 아래에서 가지런히 멱 감고서
盡擇輕陰一餉眠	시원한 그늘 찾아 한숨 낮잠 즐기누나.

『한객건연집』 이서구 「수표교에서 백탑시사의 사람들과 절구 3수를 짓다.
水標橋同白塔詩社諸人作絶句三首」

[다리는 비파동 어귀에 있다. 운종교에서 여기에 이르기까지 세 번째 다리이다.
동쪽으로 바라보면 효경교·청령교 등 여러 다리가 있다.
매 봄가을 쉬는 날이면 도성 사람들이 이곳에 모여 논다.
橋在琵琶洞口 自雲鍾橋至此爲第三 東望孝經蜻蛉諸橋 每春秋暇日 都人士遊集于此]

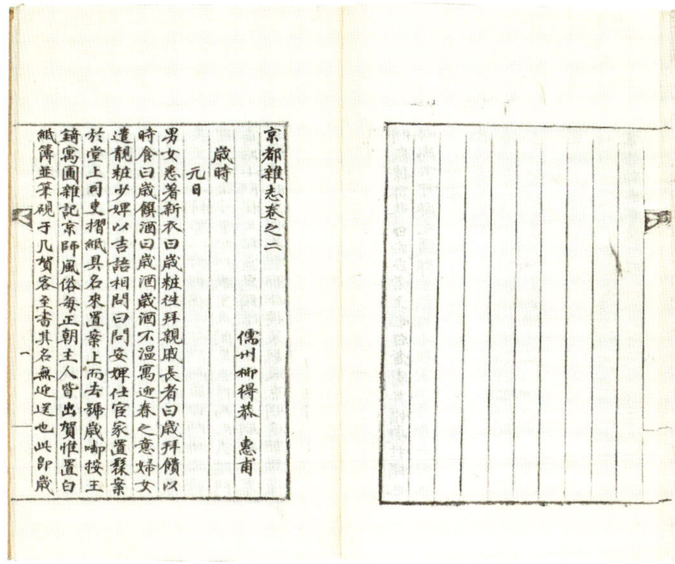
京都雜志卷之二

儒州柳得恭 惠甫

歲時

元日

男女悉著新衣曰歲粧往拜親戚長者曰歲拜饋以
時食曰歲饌酒曰歲酒歲酒不溫寓迎春之意婦女
遣靚粧少婢以吉語相問曰問安婢仕宦家置䰞案
於堂上司吏揩紙具名來置案上而去謂歲啣按王
錡寓圃雜記京師風俗每正朝主人皆出賀惟置白
紙簿並筆硯于几賀客至書其名無迎送也此卽歲

一

『경도잡지』
京都雜誌
Seasonal Customs of Seoul
유득공柳得恭
20세기 초
29.5×19.5

정조 때 유득공이 지은 세시풍속지이다. 주로 사대부의 생활문화를 기록하였는데, 2권 세시에 대한 기록 중 상원上元(정월대보름)에 광통교와 수표교에서 다리밟기가 성행했다는 내용이 보인다.

달이 뜬 후 서울 사람들 모두 종로 거리로 나와 종소리를 듣고 헤어져 여러 다리橋를 밟는다. 이렇게 하면 다리脚에 병이 나지 않는다고 한다. 대광통교, 소광통교 및 수표교에 가장 많이 모인다. 이날 저녁은 예에 따라 통행금지를 완화한다. 따라서 인산인해를 이루어 피리를 불고 북을 치며 떠들썩하다.

『경도잡지』 권2 세시歲時 상원上元

수표교 다리밟기
水標橋 踏橋
Supyo-gyo Bridge Crossing Game
1960년대 말
정범태

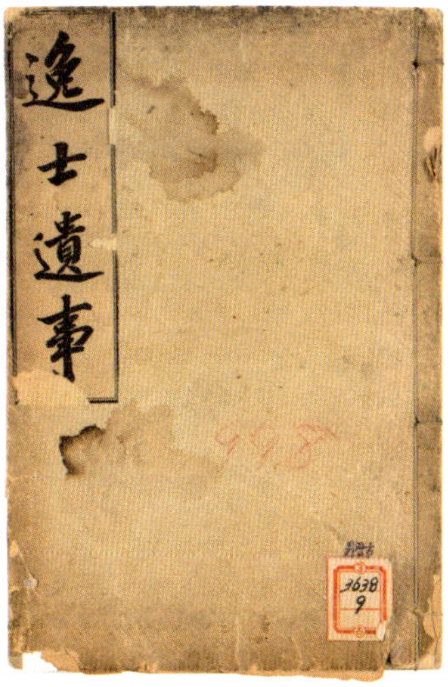

『일사유사』
逸士遺事
Biographies of people from All Walks of Life
장지연張志淵
1922년
22.3×14.9
국립중앙도서관

장지연이 조선시대 중인을 비롯한 하층민들의 전기를 모은 열전이다.
그중「장승업전」에 장승업의 삶에 대한 기록이 전한다.
19세기 대표적인 화가였던 장승업은 일찍 부모를 여의고
수표교 근처에 살았던 역관 이응헌李應憲의 집에 의탁했다고 한다.

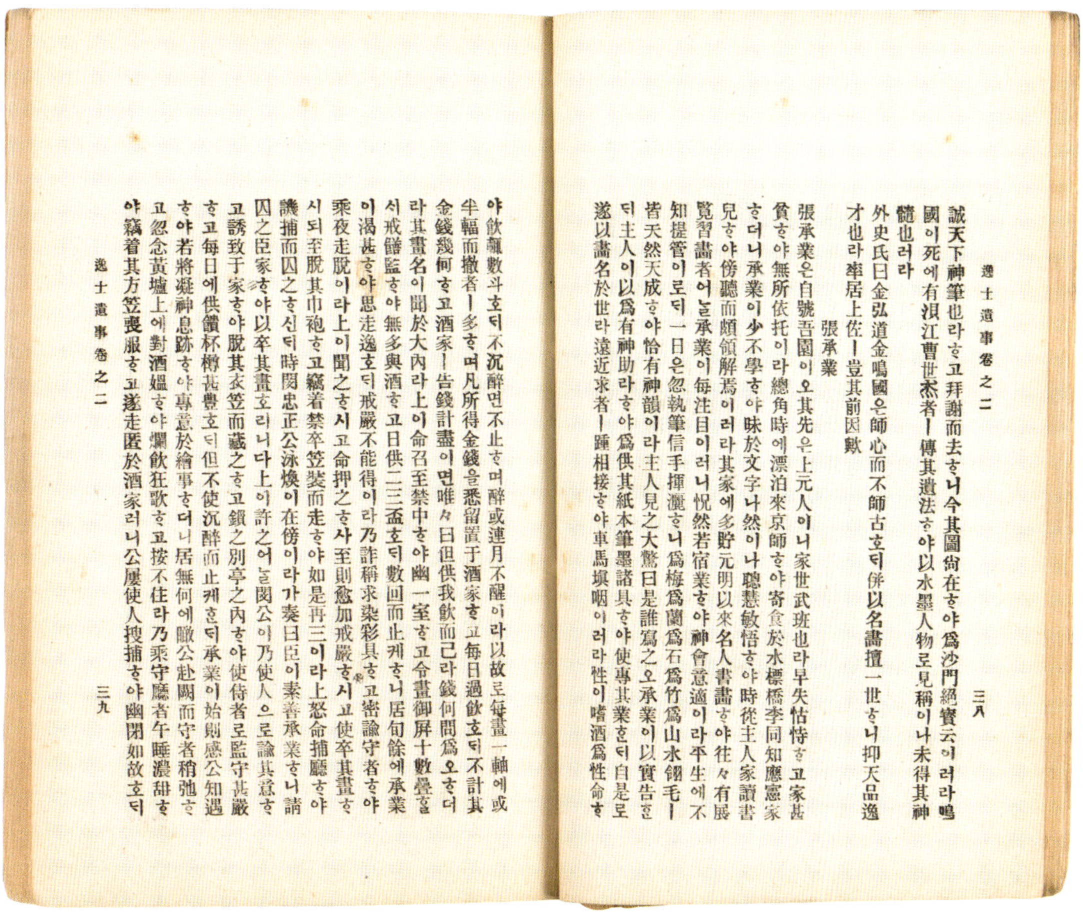

逸士遺事卷之二　三八

誠天下神筆也라ᄒᆞ고拜謝而去ᄒᆞ니今其圖尙在ᄒᆞ야爲沙門絕寶云이러라嗚國이死에有浿江曹世杰者ㅣ傳其遺法ᄒᆞ야以水墨人物로見稱이나未得其神髓也러라

外史氏曰金弘道金鳴國은師心而不師古호ᄃᆡ倂以名畵擅一世ᄒᆞ니抑天品逸才也라牽居上佐ㅣ豈其前因歟

張承業

張承業은自號吾園이오其先은上元人이니家世武班也라早失怙恃ᄒᆞ고家甚貧ᄒᆞ야無所依托이라總角時에漂泊來京師ᄒᆞ야寄食於水標橋李同知應憲家ᄒᆞ더니承業이少不學ᄒᆞ야昧於文字나然이나聰慧敏悟ᄒᆞ야時從主人家讀書兒ᄒᆞ야傍聽而頗領解焉이러라其家에多貯元明以來名人書畵ᄒᆞ야往々有展覽習畵者어늘承業이每注目이러니悅然若宿業ᄒᆞ야神會意適이라平生에不知提管이로ᄃᆡ一日은忽執筆信手揮灑ᄒᆞ니爲梅爲蘭爲石爲竹爲山水翎毛ㅣ者天然天成ᄒᆞ야恰有神韻이라主人見之大驚曰是誰寫之오承業이以實告ᄒᆞᄃᆡ主人이以爲有神助라ᄒᆞ야爲供其紙本筆墨諸具ᄒᆞ야使專其業ᄒᆞᄃᆡ自是로遂以畵名於世라遠近求者ㅣ踵相接ᄒᆞ야車馬塡咽이러라性이嗜酒爲性命ᄒᆞ

야飮瓢數斗ᄒᆞᄃᆡ不沉醉면不止ᄒᆞ며醉或連月不醒이라以故로每畵一軸에或半幅而撤者ㅣ多ᄒᆞ며凡所得金錢을悉留置于酒家ᄒᆞ고每日過飮호ᄃᆡ不計其金錢幾何ᄒᆞ고酒家ㅣ告錢計盡이면唯々曰但供我飮而已라錢何問爲오ᄒᆞ더라其畵名이聞於大內라上이命召至禁中ᄒᆞ야幽一室ᄒᆞ고令畵御屛十數疊ᄒᆞ시戒饍監ᄒᆞ야無多與酒ᄒᆞ고日供二三盃호ᄃᆡ數回而止케ᄒᆞ니居旬餘에承業이渴甚ᄒᆞ야思走逸호ᄃᆡ戒嚴不能得이라乃詐稱求染彩具ᄒᆞ고密諭守者ᄒᆞ야乘夜走脫이라上이聞之ᄒᆞ시고命押之ᄒᆞ사至則愈加戒嚴ᄒᆞ시고使卒其畵ᄒᆞ시되至脫其巾袍ᄒᆞ고竊着禁卒笠裝而走ᄒᆞ야如是再三이라上이怒命捕廳ᄒᆞ야譏捕而囚之ᄒᆞ신ᄃᆡ時閔忠正公泳煥이在傍이라가奏曰臣이素耆承業ᄒᆞ니請囚之臣家ᄒᆞ야以卒其畵호라니다上이許之어늘閔公이乃使人으로論其意ᄒᆞ고誘致于家ᄒᆞ야脫其衣笠而藏之ᄒᆞ고鎖之別亭之內ᄒᆞ야使侍者로監守甚嚴ᄒᆞ고每日에供饋杯樽甚豐호ᄃᆡ但不使沉醉而止케ᄒᆞᄃᆡ承業이始則感公知遇ᄒᆞ야若將凝神息跡ᄒᆞ야專意於繪事ᄒᆞ더니居無何에瞰公赴闕而守者稍弛ᄒᆞ고忽念黃壚上에對酒媼ᄒᆞ야爛飮狂歌ᄒᆞ고按不住라乃乘守廳者午睡濃甜ᄒᆞ야竊着其方笠喪服ᄒᆞ고遂走匿於酒家러니公屢使人搜捕ᄒᆞ야幽閉如故호ᄃᆡ

逸士遺事卷之二　三九

2_3 이벽의 천주교

Yi Byeok and Catholicism in Korea

이벽李檗은 수표교 인근에 집을 마련해 천주교 교리를 연구하고 전파하였다. 그는 기독교 사상과 동양 유학 사상이 결합된 윤리와 규범을 제시하였다. 북경에서 한국 최초로 세례를 받고 돌아온 이승훈李承薰 베드로는 1784년 초겨울, 이벽의 집에서 신도들에게 첫 세례식을 거행하였다. 이는 우리나라의 자생적 천주교 신앙운동이 일어나게 되는 계기로, 수표교 인근은 한국 천주교회 창립 터이자 최초의 신앙 공동체가 탄생한 곳이 되었다.

Yi Byeok studied and spread Catholic teachings from his home near Supyo-gyo Bridge. He presented ethical principles and norms that brought together Catholic teachings and Confucianism. On a winter's day in early 1784, Yi Seung-hun(baptismal name: Peter) - who was the first Korean to be baptized in Beijing, China - led the first baptism ceremony in Korea in Yi Byeok's house. This event served as the starting point for Korea's indigenous Catholic movement and the Supyo-gyo neighborhood became the place where Korea's first Catholic church was founded and a new religious community emerged.

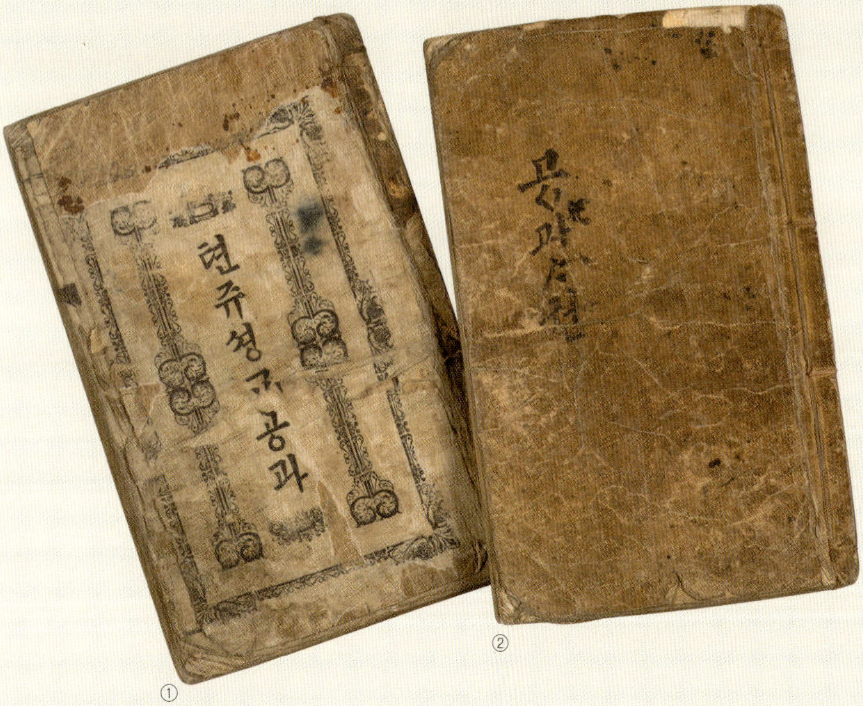

② ①

『텬쥬셩교공과』 제3·4권
天主聖教功課 第3·4卷
Catholic Prayers Book, Vol. 3 & 4
1898년
① 20.5×13.3×1.5
② 23.5×20.4

원본은 『천주경과天主經課』로 100여 년 동안 한국천주교회의 공식 기도서였다. 천주교인의 신앙생활의 지침서 역할을 했다. 공과란 광의의 의미로 '매일의 기도'를 나타내고 좁게는 '주일과 축일 및 기타의 기도문을 수록한 기도서'를 의미한다. 책의 앞부분에는 '텬쥬강셩일쳔팔백구십팔년, 즁간, 대한광무 이년 무슐, 감목 민와스딩 감쥰'이라고 적혀있고, 이어 목록이 나오며 명동성당에서 발행하였다고 기록되어 있다.

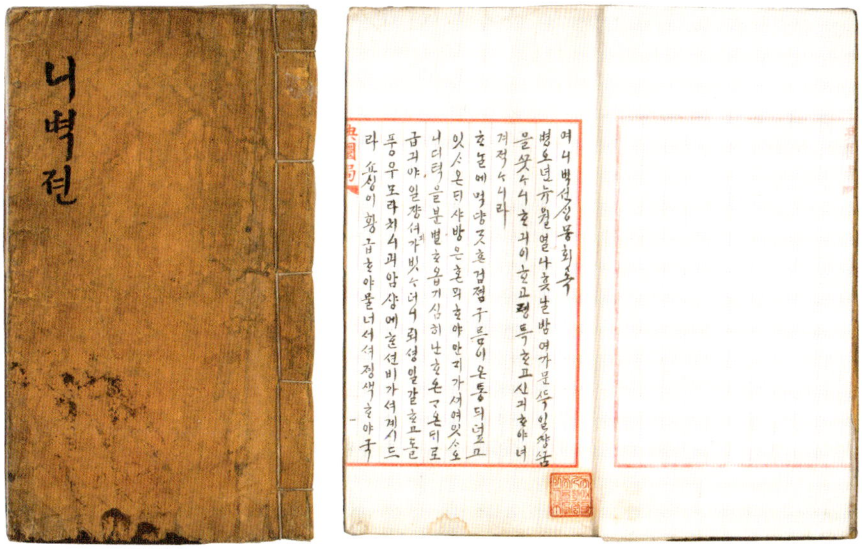

『이벽선생몽회록』
李檗先生夢會錄
The Record of a Dream of Yi Byeok
정약종丁若鍾
1777년
32.0×19.8
숭실대학교 한국기독교박물관

이벽은 초기 천주교 교단의 지도자로 천주교를 신앙으로 받아들여 수표교에 위치한 집을 중심으로 신앙을 널리 전파했다. 『이벽선생몽회록』은 이벽과 정학술丁學術이라는 가공인물의 대화 형식으로 이루어진 한글 소설이다. 주요 대화 내용은 우주 창조의 섭리, 낙원 추방과 예수의 구원, 유불도의 허망함, 조상숭배와 우상숭배 등으로 구성되어 있다.

축성 기념일 십자가
祝聖記念日十字架
Commemoration Cross for Consecration of the Church
9.2×5.6

2_4 혜민서골

Hyeminseogol Alley

지금의 서울 중구 수표동, 을지로 2가 장교동은 조선시대 의약과 서민 치료 일을 맡아보던 관아인 혜민서惠民署가 위치하여 혜민서골이라고 불렸다. 혜민서가 폐쇄된 후 1887년에는 인근 구리개에 최초의 근대식 병원인 제중원濟衆院이 이전하였다. 지금의 을지로 입구인 구리개 근처에는 약국들이 집중적으로 분포하였다. 조선시대까지는 지금의 시청 앞에서 을지로 입구 사이에 도로가 없었고 태평로도 막혀있었기 때문에, 종로에서 수표교를 건너 이남의 혜민서골 약국 거리로의 왕래가 잦았다. 민간 약국들은 '신농유업神農遺業', '만병회춘萬病回春' 등의 간판을 걸고 영업했다.

Present-day Supyo-dong and Janggyo-dong area near Eulji-ro 2-ga Avenue was where the government agency responsible for medicine and medical treatment of the commoners(Hyeminseo) was located. The area was hence often called Hyeminseogol, or Hyeminseo alley. A few years after the agency was abolished in 1882, the first modern hospital – Jejungwon – opened nearby in 1887. A cluster of pharmacies soon began to operate in Gurigae(today's Eulji-ro 1-ga Avenue) area. Since Taepyeong-no Avenue(north-south road to the west of Supyo-gyo Bridge) and Eulji-ro Avenue(east-west Avenue near Supyo-gyo Bridge) were not yet constructed, there was heavy traffic from Jongno Avenue in the north across Supyo-gyo Bridge to the Hyeminseogol Alley to visit pharmacies. Pharmacies during this period often had signs such as *sinnongyueop*("inheriting the work of Shennong" – a mythological Chinese deity who taught people farming and medicine) or *manbyeonghoechun*("return to youth from all illnesses") on their storefronts.

약방
藥房
Pharmacy
1904~1905년

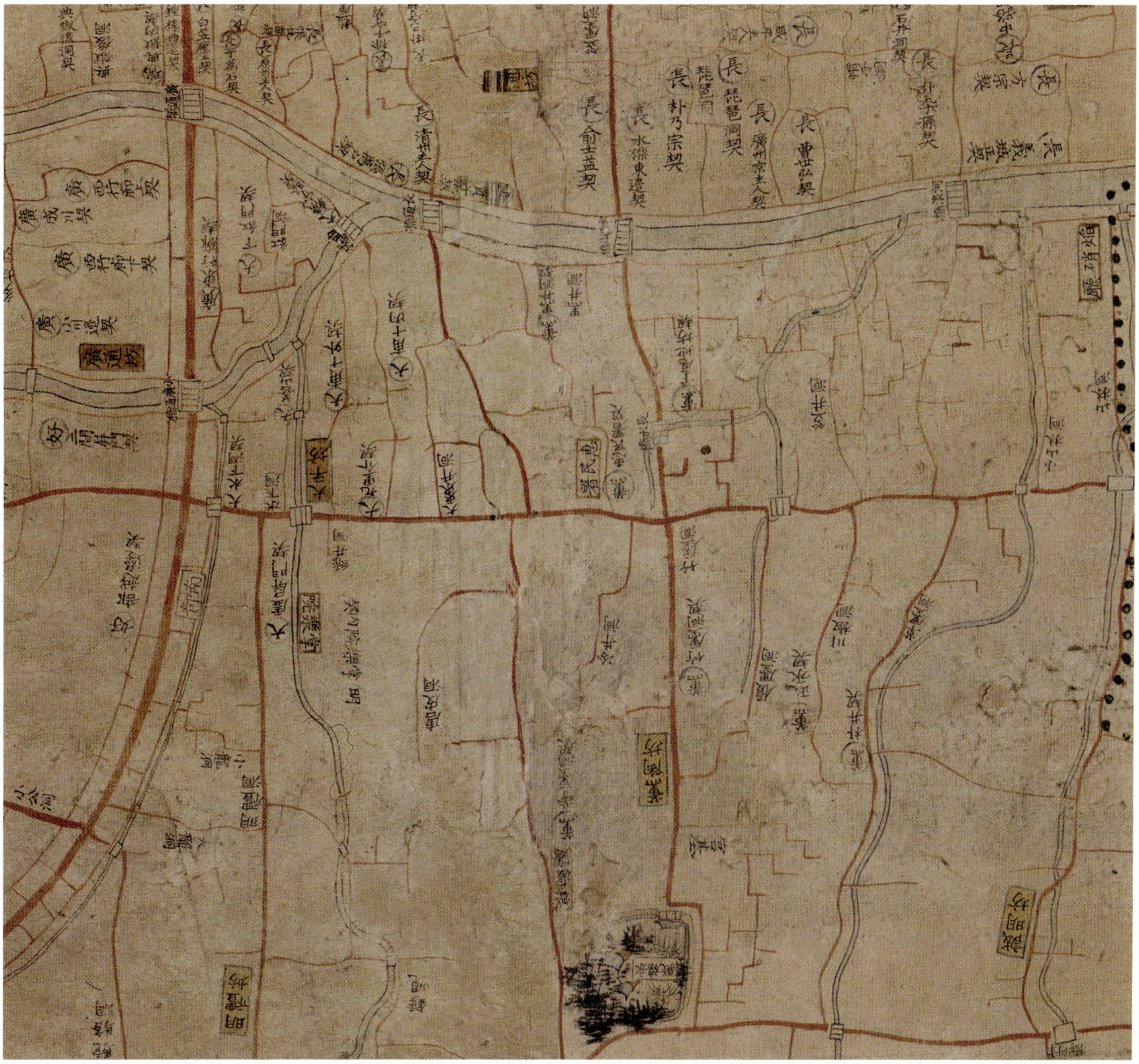

도성대지도 일부

약업종사자들은 대부분 구리개에 모여있었다. 수표교 이남의 을지로 2가에서 3가 사이의 큰 길을 두고, 남과 북 양쪽 사이에 큼직한 한약방들이 있었다. 대대로 가업을 이어받는 경우가 많았으며, 계급은 중인이었다.

구리개 제중원
銅峴 濟衆院
Jejungwon Hospital on Gurigae (Present-day Euljiro Avenue)
동은의학박물관

1882년(고종 19) 혜민서가 폐지된 이후 생긴 최초의 서양식 의료 기관인 제중원은 1885년 제동에 처음으로 자리를 잡은 뒤 1887년 혜민서가 있었던 구리개(동현銅峴) 부근으로 이전해 1904년까지 운영되었다. 정확한 위치가 어디였는지는 아직 밝혀지지 않았지만, 약방이 많이 위치하고 있었던 구리개 지역은 제중원이 이전하기에 적합한 장소였다.

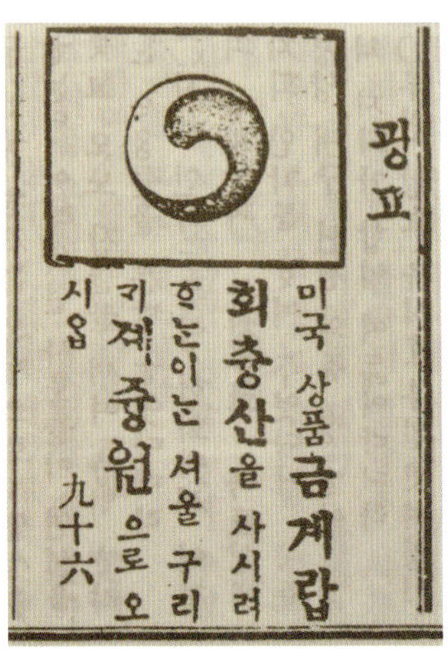

광고
미국 상품 금계랍
회충산을 사시려
ᄒᆞ는이는 서울 구리
ᄀᆡ 제중원으로 오
시옵 九十六

제중원 약 광고
濟衆院 藥 廣告
Advertisement of Jejungwon Hospital Medicine
『독립신문獨立新聞』 1898년 10월 12일
국립중앙도서관

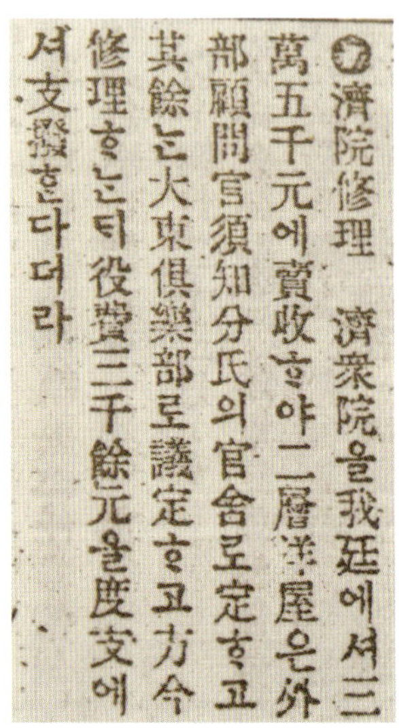

◎濟院修理 濟衆院을我廷에셔三萬五千元에買收ᄒᆞ야二層洋屋은外部顧問官須知分氏의官舍로定ᄒᆞ고其餘ᄂᆞᆫ大東俱樂部로議定ᄒᆞ고方今修理ᄒᆞᄂᆞᆫᄃᆡ役費三千餘元을度支에셔支撥ᄒᆞᆫ다더라

제중원 수리
濟院 修理
Repair of Jejungwon Hospital
『황성신문皇城新聞』 1905년 4월 26일
국립중앙도서관

廣告
○本人이三昨日에醫術開業免狀을遺失ᄒᆞ엿습기玆에廣告ᄒᆞᆷ
水標橋濟元堂醫院朴啓陽 告白

수표교 제원당의원 광고
水標橋 濟元堂醫院 廣告
Advertisement of Jewondang Clinic about Supyo-gyo Bridge
『황성신문皇城新聞』 1910년 3월 29일
국립중앙도서관

구리개 약방
銅峴 藥房
A Pharmacy on Gurigae
(Present-day Euljiro Avenue)
1900년경

양춘당 건재약국 고무인
陽春堂 乾材藥局印
Stamp of Yangchundang Pharmacy
20세기 초
9.4×3.1×7.0

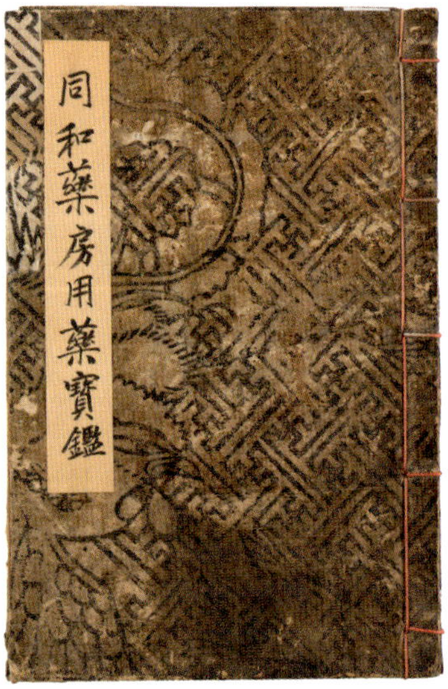

『동화약방 용약보감』
同和藥房 用藥寶鑑
Exemplar of Taking Medicine
in Donghwa Pharmacy
1919년
22.0×15.0

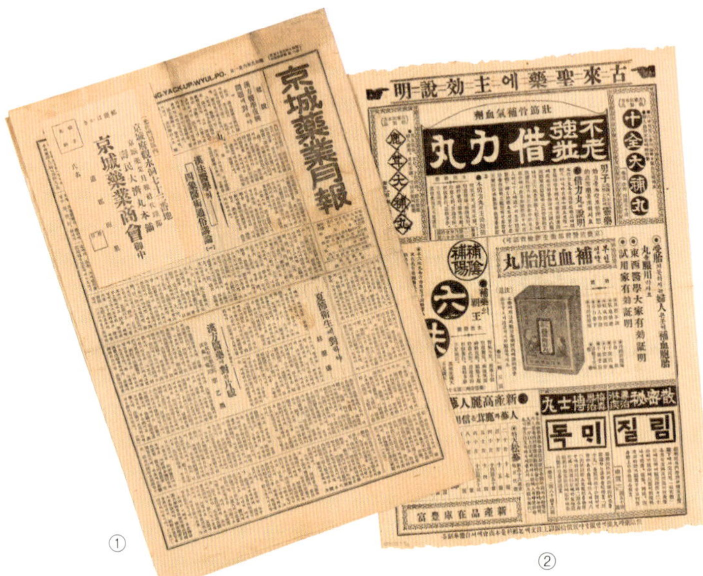

①
②

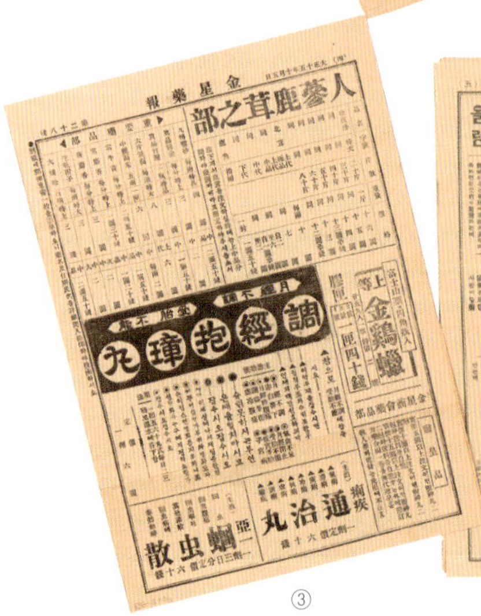

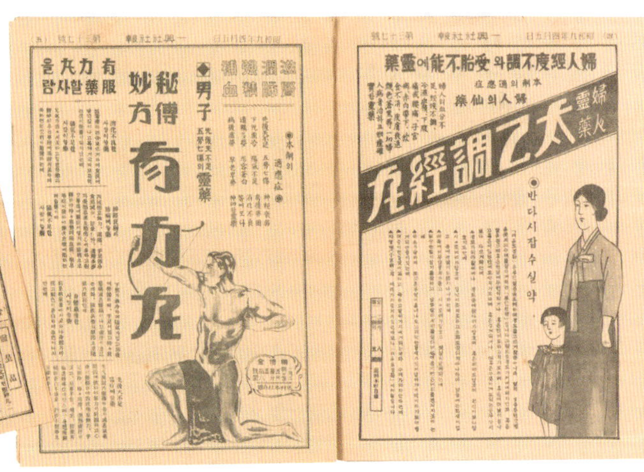

③
④

약 광고지
藥 廣告紙
Advertisements
1919년
① 27.0×20.0
② 27.1×19.8
③ 27.0×37.5
④ 27.0×39.4

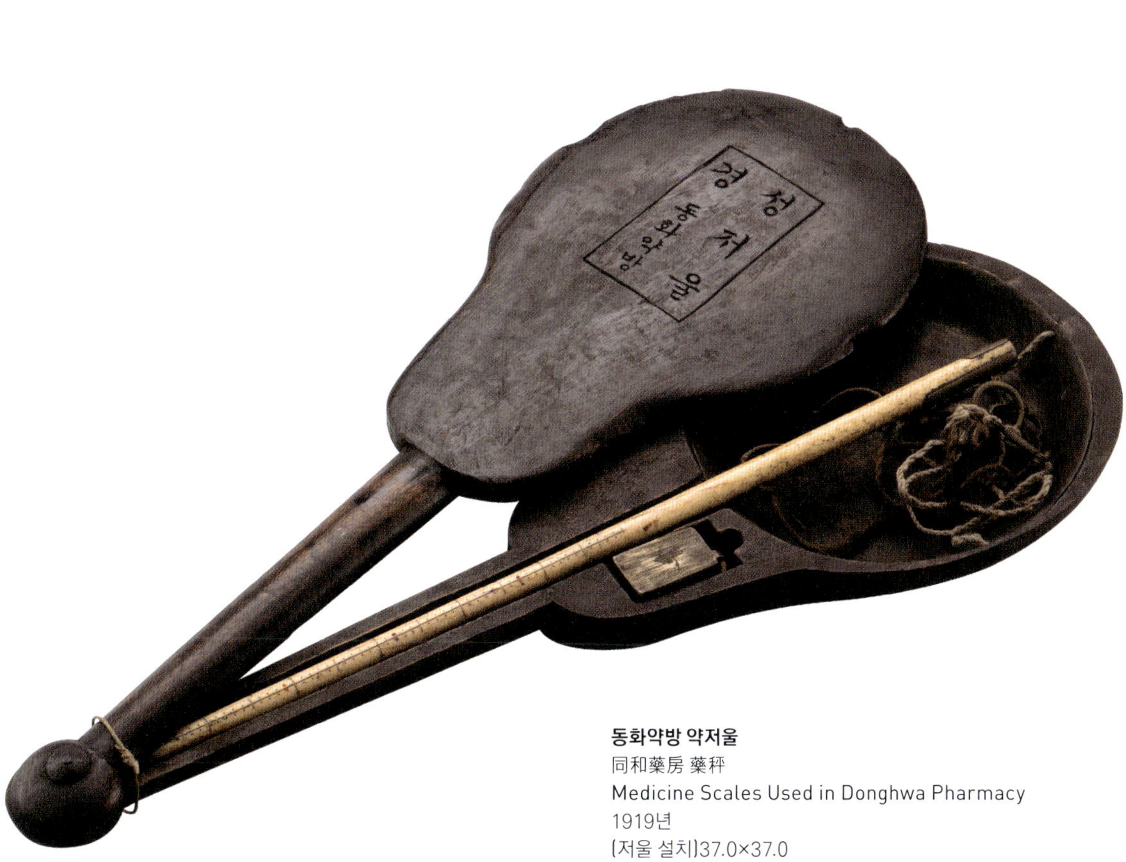

동화약방 약저울
同和藥房 藥秤
Medicine Scales Used in Donghwa Pharmacy
1919년
(저울 설치)37.0×37.0

① ② ③ ④

약봉투
藥封
Paper Envelopes of Pharmacy
20세기 초
① 10.0×7.7
② 17.0×10.0
③ 12.5×9.2
④ 7.5×10.0

2_5 청국인의 거리

China Street

1882년 임오군란壬午軍亂을 계기로 청淸 정부에서 군사들과 함께 군역상인軍役商人을 보내면서 조선의 주요 도시에 청나라인들이 거주하기 시작했다. 1882년 8월 조청상민수륙무역장정朝淸商民水陸貿易章程을 바탕으로 청 상인은 한양의 도성 내부에 토지와 가옥을 소유할 수 있는 권리를 부여받았다. 하지만 조선 상인들과 마찰이 잦아지자 수표교 주변을 청국인 거류구역淸國人居留區域으로 지정하였다. 1900년대에 들어와 중국인 상점 수가 더 많아지면서, 1921년에는 동업조합인 '중화요리음식조합中華料理飮食組合'도 결성되었다.

After the 1882 Incident, the Qing(China) government dispatched military force to major cities in Korea, accompanied by merchants who provided various services for the soldiers. The China-Korea Treaty of 1882 allowed Qing merchants to own land and properties in Hanyang(Seoul), which enabled them to gradually increase their influence in the city. But as conflict between Chinese and Korean merchants increased, the neighborhood around Supyo-gyo Bridge was designated as an area for Chinese residents. The number of Chinese establishments increased even more in the 1900s, and the Chinese Restaurant Association was founded in 1921.

조선경성중화요리조합 도자병
朝鮮京城中華料理組合瓶
Gyeongseong Restaurant Association
Porcelain Bottle
1934년
15.3×6.3

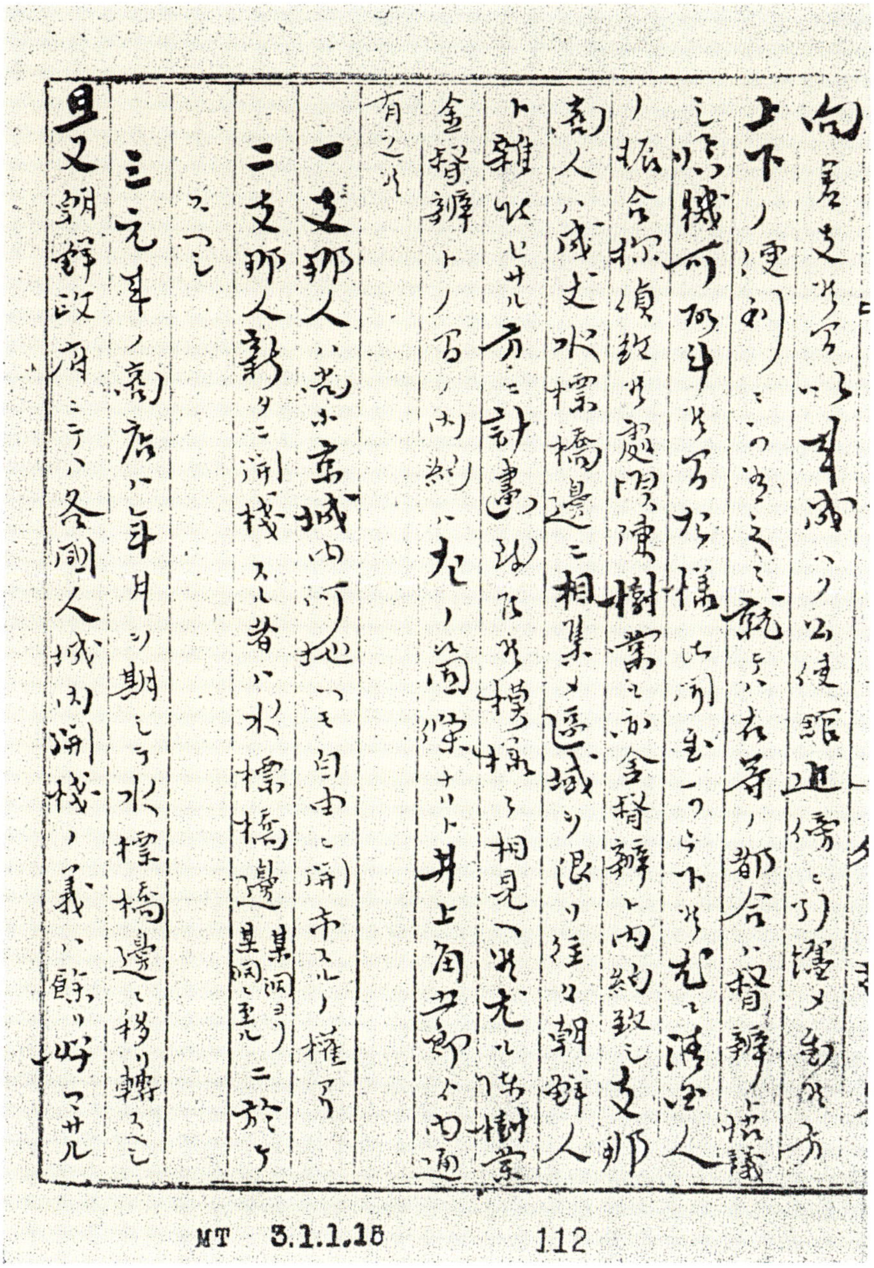

일본외무성육해군성문서
日本外務省陸海軍省文書
Documents from Japan's Ministry of Foreign Affairs, Ministry of Army, and Ministry of Navy
1885년
40.2×22.5×3.5
국회도서관

조선인과 청인들 사이에 마찰이 잦자 진수당陳樹棠은 1885년(고종 22) 청국인 거주 지역을 요구하고 외무독판外務督辦 김윤식金允植과 상의해 수표교변水標橋邊을 청국인거류구역淸國人居留區域으로 지정해 달라고 했다. 이 내용은 공식 기록은 없고, 이노우에 가쿠고로井上角五郎가 일본 외무성에 기밀문서로 남긴 것만 전해지고 있다.

1 중국인支那人이 한성 내의 어디에서나 자유로이 개시開市할 권익權益을 가지는 데 변함이 없다.
2 중국인支那人으로서 새로이 개잔開棧할 자는 수표교변水標橋邊 모동某洞에서만 해야 한다.
3 종래의 점포는 ○년 ○월을 기하여 수표교변에 이전移轉한다.

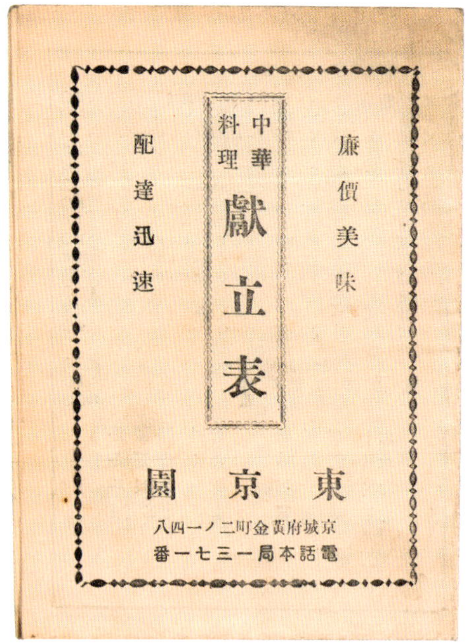

中華料理
獻立表

廉價美味

配達迅速

東京園

京城府黄金町二ノ一四八

電話本局一三七一番

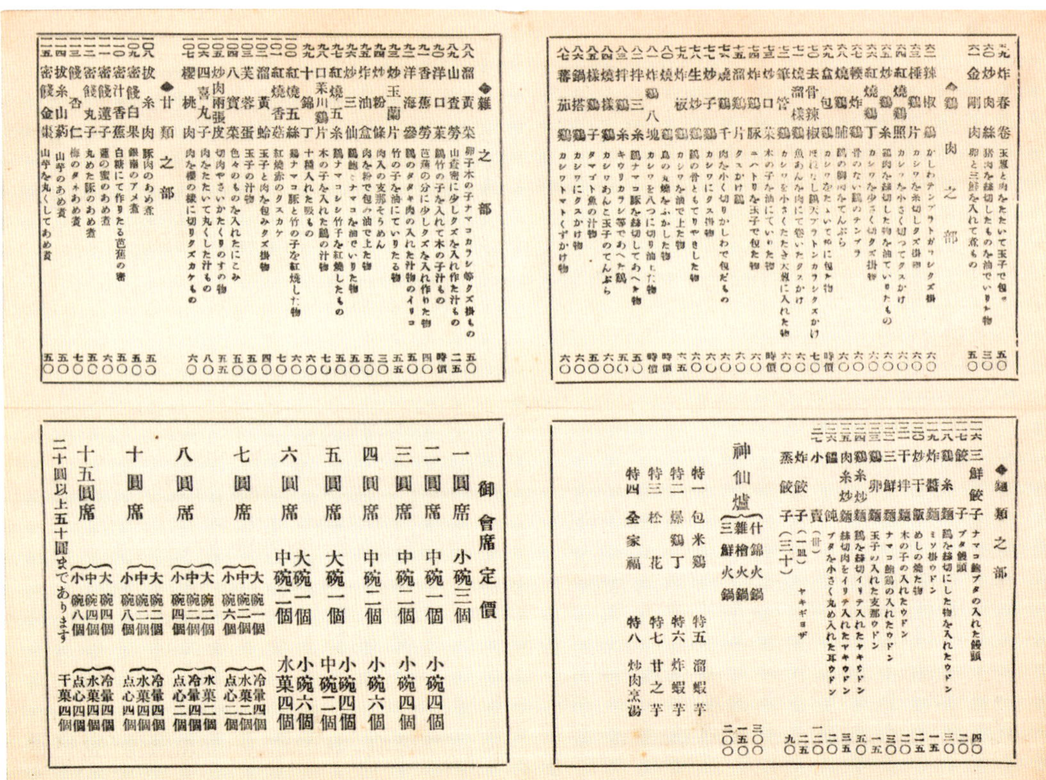

御會席定價

一圓席 小碗三個

二圓席 中碗一個 小碗四個

三圓席 中碗二個 小碗四個

四圓席 中碗二個 小碗六個

五圓席 大碗一個 小碗四個 中碗二個

六圓席 大碗一個 中碗二個 小碗六個 水菓四個

七圓席 大碗一個 中碗二個 小碗六個 冷暈四個 水菓二個 点心二個

八圓席 大碗二個 中碗二個 小碗四個 水菓二個 冷暈四個 点心二個

十圓席 大碗二個 中碗二個 小碗八個 冷暈四個 水菓四個 点心四個

十五圓席 大碗四個 中碗四個 小碗八個 冷暈四個 水菓四個 点心四個 干菓四個

二十圓以上五十圓まであります

헌립표

獻立表

Printed Menu

20세기 초

13.5×9.9

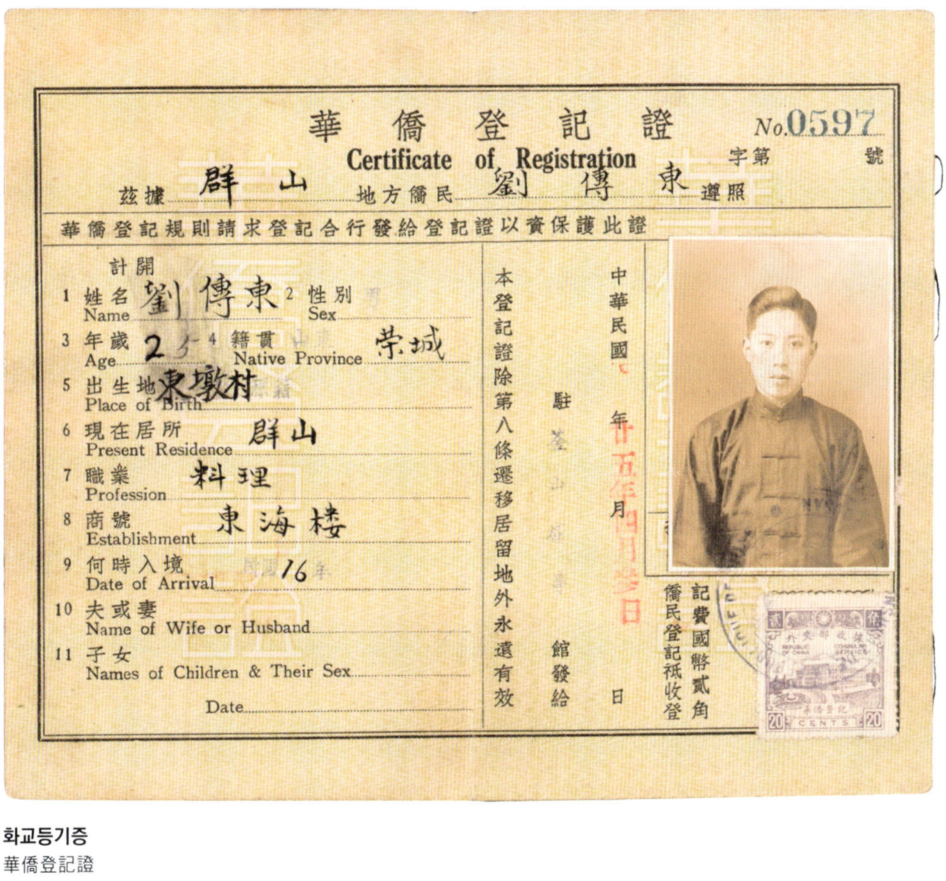
華僑登記證 No.0597

Certificate of Registration

字第 號

茲據 群山 地方僑民 劉傳東 遵照

華僑登記規則請求登記合行發給登記證以資保護此證

計開

1 姓名 Name 劉傳東 2 性別 Sex

3 年齡 Age 25 4 籍貫 Native Province 栄城

5 出生地 Place of Birth 東墩村

6 現在居所 Present Residence 群山

7 職業 Profession 料理

8 商號 Establishment 東海楼

9 何時入境 Date of Arrival 16

10 夫或妻 Name of Wife or Husband

11 子女 Names of Children & Their Sex

Date

本登記證除第八條遷移居留地外永遠有效

駐 館發給

中華民國 年 月 日

記費國幣貳角 僑民登記祇收登

화교등기증
華僑登記證
Registration Certification of Overseas Chinese
1927년
14.7×8.7

조선에 거주하는 화교들에게 영사관에서 발급했던 것으로 표지에는 화교등기증이라 인쇄되어 있고, 내지에는 성명, 성별, 나이, 출생지 등 인적사항을 기록하였다.

3 수표교를 기억하며

수표교
水標橋
Supyo-gyo Bridge
1887년 이전
23.6×30.1

수표교
水標橋
Supyo-gyo Bridge
1887년 이전

수표교 크리스마스카드
水標橋 聖誕節 葉書
Supyo-gyo Bridge Christmas Post card
대한제국
9.0×15.0

수표교
水標橋 葉書
Supyo-gyo Bridge Post card
일제강점기
13.6×8.9

수표교
水標橋
Supyo-gyo Bridge
1932년
16.4×21.4
국립중앙박물관

수표교와 수표
水標橋·水標
Supyo-gyo Bridge and The Water Mark
일제강점기
국사편찬위원회

청계천 2가 수표교
清溪川 2街 水標橋
Supyo-gyo Bridge
1953년
임인식

청계천 수표교
清溪川 水標橋
Supyo-gyo Bridge
1950년대
김한용

수표교
水標橋
Supyo-gyo Bridge
1950년대 후반
김한용

청계천 수표교의 원형
水標橋
Supyo-gyo Bridge
1966년
홍순태

수표교
水標橋
Supyo-gyo Bridge
일제강점기
11.9×16.4
국립중앙박물관

수표
水標
The Water Mark

수표
水標
The Water Mark
일제강점기
16.4×11.9
국립중앙박물관

수표
水標
The Water Mark
일제강점기
국사편찬위원회

수표교
水標橋
Supyo-gyo Bridge
일제강점기
5.7×8.5

수표교
水標橋
Supyo-gyo Bridge
1932년
11.9×16.4
국립중앙박물관

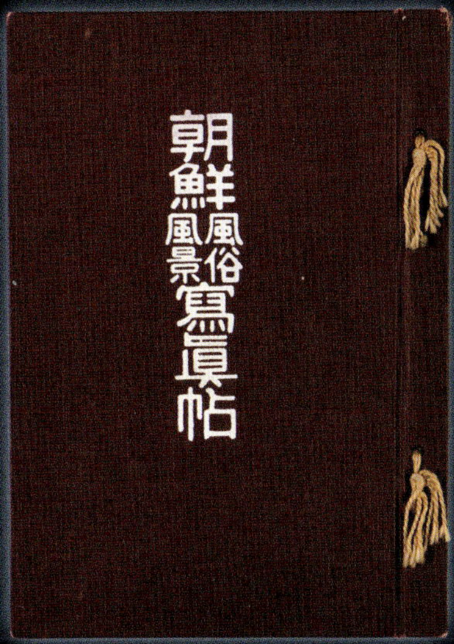

조선풍속풍경사진첩
朝鮮風俗風景寫眞帖
Scenes from Joseon Photo Album – Supyo-gyo Bridge
1920년
27.0×19.2×1.4

수표교 엽서
水標橋 葉書
Supyo-gyo Bridge Post card
일제강점기
9.0×14.0
손영희 기증

서울 청계천 2가 수표교 다리 옆에서 썰매 타는 아이들
水標橋
Supyo-gyo Bridge
1952년
임인식

눈 내리는 청계천 수표교
水標橋
Supyo-gyo Bridge
1953년
임인식

서울 대 홍수로 수표교 잠수
水標橋
Supyo-gyo Bridge
1953년
임인식

홍수로 불어난 청계천 수표교
水標橋
Supyo-gyo Bridge
1953년
임인식

4 수표교의 이설

수표교의 이설

Relocation of Supyo-gyo Bridge

수표교는 1958년 청계천 복개공사가 시작되면서 장충단공원으로 옮겨졌다. 1959년 이전 설치 과정에서 무자금戊子禁이 새겨진 귀틀석은 유실된 듯 보인다. 수표는 수표교와 함께 장충단공원으로 옮겨졌다가 1973년 세종대왕기념관으로 이전 되며 보물 제838호로 지정되었다.

여전히 수표교는 본 모습을 잃지 않고 다리로서의 역할을 다하고 있다. 2003년 청계천 복원사업 때 제자리를 찾을 것인가에 대한 논의로 한동안 화제가 되었지만, 청계천으로 돌아오는 것은 요원해 보인다.

The Supyo-gyo Bridge was relocated to Jangchungdan Park in 1958 when the construction to cover Cheonggyecheon Stream began. Unfortunately, some stones were lost during the process, including a cornerstone on which the record of repair in the 18th century was carved. Supyo was also moved to Jangchungdan Park, and later found a permanent home in the King Sejong Memorial Hall in 1973. It was designated Treasure No. 838 in 1985.

Supyo-gyo Bridge remains original structure and fuction. When the Cheonggyecheon Restoration Project began in 2003, there was a debate whether the Supyo-gyo Bridge should be returned to its original location. There are still many hurdles to overcome before the bridge can return.

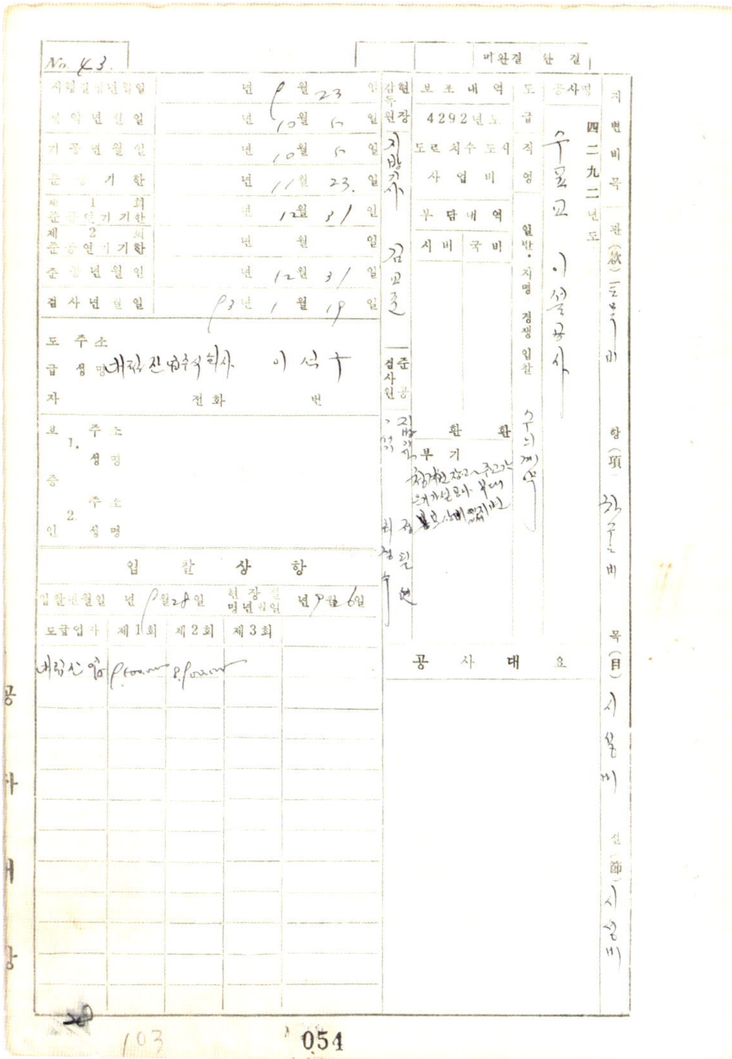

서울시 수표교 및 수표 이전 시공 문서
水標橋·水標 移轉 施工 文書
Supyo-gyo Bridge and the Water Mark Relocation & Reconstruction Plan by Seoul
1959년

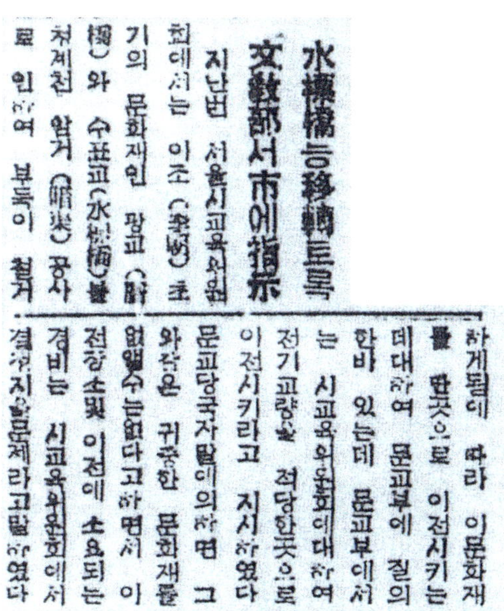

水標橋는 移轉토록
文敎部서 市에 指示

지난번 서울시교육위원회에서는 이조(李朝) 초기의 문화재인 광교(廣橋)와 수표교(水標橋)를 청계천 암거(暗渠)공사로 인하여 부득이 철거하게됨에 따라 이문화재를 딴곳으로 이전시키는데대하여 문교부에 질의한바 있는데 문교부에서는 시교육위원회에대하여 전기교량을 적당한곳으로 이전시키라고 지시하였다 문교당국자말에의하면 그와같은 귀중한 문화재를 없앨수는없다고하면서 이전장소및 이전에 소요되는 경비는 시교육위원회에서 결정지을문제라고말하였다

수표교를 이전토록 문교부서 시에 지시
水標橋 移轉 文敎部 指示
Administrative order for Relocation of the Supyo-gyo Bridge
『서울신문』 1958년 4월 13일
국립중앙도서관

논고

개천開川과 수표水標

김 현 준(한국건설기술연구원 선임연구위원 과학기술연합대학원대학교, KICT School 대표교수)

수표교 축조에 보이는 조선의 토목기술과 도성 변천

홍 지 윤(중앙문화재연구원)

개천開川과 수표水標

한국건설기술연구원 선임연구위원
과학기술연합대학원대학교, KICT School 대표교수 **김 현 준**

1. 머리말

서울의 북쪽 구도심 구간을 가로질러 흐르는 하천이 있다. 바로 청계천清溪川이다. 청계천의 원래 이름은 개천開川이다. 인왕산과 북악산, 남산을 발원지로, 도성 안의 한복판에서 만나, 서에서 동으로 흐르는 연장 10.92km, 유역면적 50.96㎢의 하천이다. 서울이 조선의 도읍지로 결정된 이후로 자연하천을 보수하면서 개천(하천을 새롭게 만들었다는 의미)이라 부르게 되었다. 개천이 청계천으로 불리게 된 것은 일제강점기 초에 서울의 지명을 개정하면서부터이다. 백운동 계곡의 물줄기를 청풍계천清風溪川이라고 하였는데, 청계천은 여기서 유래하였다.

청계천은 조선시대에 여러 차례에 걸쳐서 대규모 공사를 겪으며 모습을 갖추게 되었다. 공사의 주요 목적은 홍수로 인한 범람 피해를 줄이기 위해서였다. 태종은 최초로 도성都城을 관통하여 흐르는 개천을 완성하였고, 세종 때는 미완으로 남겨두었던 하류 및 지류에 대한 정비를 완료하였다. 영조는 개국 초에 실시했던 준설 공사를 대규모로 시행하였는데, 몇 년간 지속된 가뭄 때문에 한양漢陽의 인구가 증가하고 이들이 도시 빈민이 되어 개천 주변에 살면서 생활하수로 더럽혀지고 홍수 시 범람 위험이 있었기 때문이다. 이 공사는 개천 정비는 물론이고 실업자 구제 측면의 대규모 공사였다. 20만 명의 인원이 동원되어 57일간 개천의 폭을 넓히고 양변에 석축을 쌓고 수로를 직선화하여 현재의 청계천 수로의 원형이 되었다.

개천의 완성과 함께 주목할 만한 것이 있다. 세종 23년(1441)에 세워진 개천의 홍수위를 측정하기 위한 수표水標다. 마전교馬前橋 인근에 큰 돌기둥을 세워놓고 수표 앞면에는 눈금을 새겨 수위를 측정하였다. 우리 역사에서 처음으로 하천의 수위를 체계적으로 측정하기 시작한 것이다. 측우기를 이용한 강우량 측정과 함께 하천의 수위를 측정함으로써 과학적인 수문水文 관측이 이루어졌다. 수문 관측은 국가 수자원 관리에 있어서 가장 기본적이고 중요한 기초 자료인 강우량과 하천 수위를 측정하여 관리하는 것이다.

본 고稿에서는 개천의 물길을 잡고 홍수 피해를 줄이도록 한 노력들과 고문헌 자료에 수록된 수표 관측 기록을 복원한 결과를 소개하고자 한다.

2. 개천開川

도성 축조

조선이 개국開國되고, 태조 3년(1394)에 개경에서 한양으로 수도를 옮긴다. 새 왕조의 시작과 함께 한양에는 종묘 건축을 필두로 하여 경복궁, 창덕궁이 건설되었고 방어 시설인 성곽의 축조, 도성 내 물길을 바로 잡는 하천 공사 등이 이루어졌다. 특히 도성의 축조는 새 왕조의 안전을 보장하는 매우 중요한 사업이었다. 태조 4년(1395) 가을에 도성 축조의 명이 내려졌고 도성조축도감都城造築都監이 설치되었다. 다음 해 1월에 각 도에서 인력을 차출하였는데 총 118,070명이 동원되어 49일 만에 마무리하였다. 평탄한 곳은 토성土城으로 쌓았고 산악 지역에는 석성石城으로 쌓았다. 그러나 농한기에 급하게 서둘러 공사를 하였기에 여름 폭우로 수구水口, 옹성, 성첩 등 일부가 무너져 버렸다. 동년 8월에 79,400명을 재징집하여 보수공사를 하였다. 마침내 완성된 도성은 9,767보(석성 19,200척, 토성 40,300척)의 규모가 되었다. 그러나 촉박한 일정으로 동대문의 역사役事는 다소 미완성이었다. 도성 내 물길이 모여서 성 밖으로 나가야 되는 수구의 공사와 옹성의 공사가 함께 이루어져야 했기 때문이다. 도성의 성곽이 완성된 태조 5년(1396) 여름에 폭풍우가 한반도를 강타하였다. 여름 폭우는 경상도를 거쳐서 중부 지역인 한강으로 올라온 것으로 보이는데, 7월 8일의 장계에 의하면 강원도 춘천, 김화, 홍천 등지에서 150여 가구가 물에 떠내려가고 108명이 사망하였다고 한다. 도성도 큰 피해를 입었다. 7월 3일에 아직 자리를 제대로 잡지 못한 수구의 옹성 1간이 무너졌고 이틀 뒤인 5일에는 1간이 더 무너졌다. 수구가 위치한 동대문 지역은 도성 내의 모든 물길이 한곳으로 모이는 저지대이고 백악, 남산, 낙산, 인왕산에서 흘러내리는 홍수의 위력은 그 양과 속도가 상당하였을 터인데 도성을 축조할 당시에는 제대로 가늠하기가 어려웠을 것이다.

- 태조 5년(1396) 7월 3일(무오)
  밤에 폭풍우가 일어 도성都城 수구水口의 옹성甕城 1간이 무너졌다.

- 태조 5년(1396) 7월 5일(경신)
  크게 바람이 불고 비가 와서 도성都城 수구水口의 옹성甕城 1간이 또 무너졌다.

세종 3년(1421)에는 도성수축도감都城修築都監을 다시 설치하여 전국에서 32만여 명을 징발하였다. 대대적인 개축 공사가 진행되어 현재 볼 수 있는 도성의 근간이 이루어졌다. 세종 3년(1421) 7월에 지금의 서울시장 격인 판한성부사 정진鄭津이 소를 올려, 그동안의 축적된 홍수 경험으로부터 수문을 증설하고 도성 내에 도랑을 더 신설할 것을 건의한다. 또한, 도성수축도감에서도 수문이 부족하므로 추가로 수문을 만들 것을 건의하였고 마침내 세종 4년(1422) 2월에 도성 수축 공사와 함께 수문의 확장 공사가 마무리되었다. 이러한 내용은 『세종실록』 지리지에도 수록되어 있다. 즉, 태조 5년에 3간의 수구로 건설된 도성 내 배수로는 같은 해 폭우로 2간이 무너졌었고, 이후 보수가 된 것으로 추정되며 세종 4년 도성 수축의 완공과 함께 5간으로 확장된 것이다. 이것이 오간수문五間水門이다.

- 세종 4년(1422) 1월 16일(갑술)
  도성수축도감에서 계하기를,
  "도성의 수문水門이 수효가 적으므로, 전 해의 장맛비에 냇물이 불어 넘쳐서 냇가의 인가人家는 혹은 물에 잠긴 것도 있었습니다. 전에 있던 북쪽의 수문 세 칸間에 한 칸을 더 만들고, 남쪽 수문 두 칸에 한 칸을 더 만들게 하소서." 하니, 임금이 그대로 따랐다. 인하여 사람의 힘이 여유가 있으면 내의 왼쪽과 오른쪽에 모두 돌을 쌓아 빗물을 통하게

그림 1. <오간수문五間水門>, 『한국건축조사보고』, 1904년, 서울역사박물관

하도록 명하였다.

• 세종 4년(1422) 2월 23일(경술)

도성의 역사役事를 마쳤다. 성을 돌로 쌓았는데, 험지險地는 높이가 16척이요, 그 다음으로 높은 곳이 20척이요, 평지는 높이가 23척이었다. 수문水門 2칸間을 더 설치하여 막힌 것을 통하게 하고, 서전문西箭門을 막고 돈의문敦義門을 설치하였다.

• 『세종실록』, 지리지경도한성부

금상今上 4년 임인에 태종의 명으로 성을 수축하여 토성土城을 모두 돌로 바꾸었는데, 8도의 군사 총 32만 2천 4백 명을 모아, 정월 15일에 역사를 시작하여 2월에 마치었다. 성 동쪽에, 처음에 수문水門 3을 열었는데, 장마를 만나면 문이 막히는 것을 없애기 위하여 2문을 더 만들었다.

최초의 준천濬川 공사

태종은 왕권의 확립을 위하여 한양으로 천도를 하였고, 따라서 인구가 한양으로 집중할 수밖에 없었다. 인구가 늘어남에 따라 개천을 준설할 필요성이 대두되었으며, 태종 11년(1411) 12월 1일에 개천 준설에 대한 논의가 처음으로 시작되었다. 태종 11년(1411) 12월 14일에 개거도감開渠都監을 설치하고 전라도, 경상도, 충청도의 3도 군인으로 하여금 정월 15일부터 공사를 시작할 것을 명하였는데 당초의 강원도가 빠지고 제외하기로 하였던 경상도가 포함되었다. 예조와 사간원에서는 동절기에 공사를 하는 것은 옳지 못하다고 상소하였으나 태종은 공사가 시급함을 내세워 밀고 나갔다. 정월 15일부터 시작된 공사는 2월 15일에 완료되었는데 동원된 인부는 경상도, 전라도, 충청도의 군인 52,800명이었다. 종묘동 어귀부터 문소전과 창덕궁 문앞을 돌로 쌓고, 종묘동 어귀부터 수구문까지는 나무로 방축을 쌓았으며 대광통, 소광통, 혜정, 정선방, 신화방 등의 다리는 모두 돌로 쌓았다. 이때 광통교의 다리를 쌓는데 태조의 계비인 신덕황후 강씨 릉陵의 상석을 가져다가 사용하였다.

• 태종 12년(1412) 1월 10일(을미)

개천도감開川都監에 역군 사의役軍事宜를 내리었다. 명하기를, "군인이 일하고 쉬는 법은 파루罷漏 뒤에 역사를 시작하여 인정人停 뒤에 방헐放歇하게 하라. 만일 명령을 어기고 백성을 과중하게 역사시키는 자가 있으면 마땅히 중하게 논죄하겠다."하고, 또 병조·순금사巡禁司에 명하기를,"인정 후에서 파루 전까지 백성을 역사시키는 자가 있으면, 감역관監役官을 죄주겠다."하고, 또 정부에 명하기를, "전의감典醫監·혜민서惠民署·제생원濟生院 등의 사司로 하여금 미리 약을 만들고, 또 막幕을 치게 하여 만일, 병이 난 자가 있으면, 곧 구제 치료하여 생명을 잃지 말게 하라."하였다. 처음에 경상도·전라도·충청도 3도의 군인이 올 때에 임금이 지인知印을 보내어 행차하는 길 옆의 각 고을로 하여금 구호하여, 얼어 죽는 일이 없게 하라고 명하였다.

세종 3년(1421)에도 큰 비로 여러 차례 개천이 범람하자, 본류와 지류에 대한 정비를 하였다. 특히 판한성부사인 정진의 상소에 따라서 체계적인 공사 계획인 수립되었다. 종루로부터 하류까지 개천을 넓혔으며, 동대문 근처에는 수문을 증설하였고, 여러 다리를 석교로 개축하였다. 이로써 조선 초부터 수행된 청계천의 정비가 틀을 갖추게 되었다. 정진은 도성의 개천에 물이 막히는 원인과 대비책을 조목조목 상소하였는데, 태종 때 완성하지 못한 개천의 하류 및 지류에 대한 준천 공사를 하고 종루鐘樓 지역은 지대가 낮아 침수가 잘 되기 때문에 별도의 냇길을 뚫어 배수가 잘 되게 하며, 큰 비에 떠내려 갈수밖에 없는 나무다리를 돌다리로 바꿀 것을 상소하여 그대로 시행하였다.

• 세종 3년(1421) 6월 12일(계묘)

큰 비가 와서 서울에 냇물이 넘쳐, 하류下流가 막혀서 인가人家 75호가 떠내려가고, 통곡하는 소리가 여기저기서 들렸다. 어떤 자는 지붕에 올라가고, 나무를 잡아 죽음을 면한 사람도 있으나, 물에 빠져 죽은 사람이 자못 많았다. 임금이 마음 아프게 생각하여, 죽은 사람의 부모와 처자에게 부물賻物을 내리도록 명하였다.

• 세종 3년(1421) 7월 3일(계해)

판한성부사 정진鄭津 등이 소를 올리기를, "두 곳의 수문水門은 좌우의 옹성甕城이 좁아서, 도성都城 안의 여러 곳의 물이 합쳐 흘러서 막히게 됩니다. 그러므로 동부東部의 창성방彰善坊이 재해를 입은 것이 더욱 심하였습니다. 원컨대 유사로 하여금 적당한 곳을 가려서 별도로 수문 하나를 더 만들어 수도水道를 통하게 하면, 물이 넘치는 것이 감해질 것입니다."

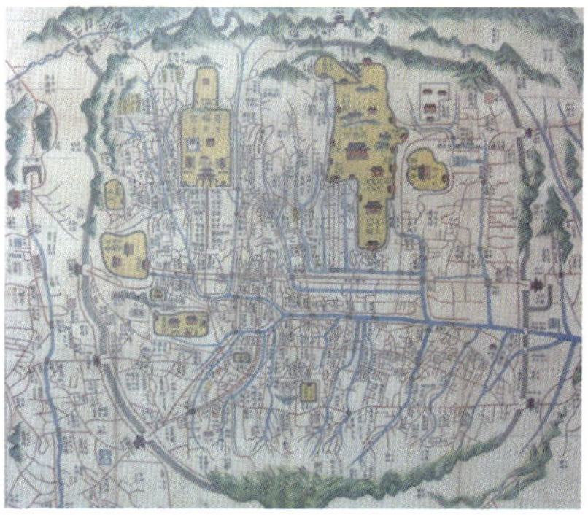

그림 2. <한성부 지도>, 1902년, 왕립아세아학회 한국지부

태종과 세종에 의한 대규모 공사에 의하여 개천의 틀이 갖추어 졌고, 영조의 준천공사에 의하여 개천이 재정비되었다.

대규모 준천濬川 공사

영조 36년(1760)에 개천의 모래를 퍼내 물길을 확보하는 대규모의 준천 공사가 있었다. 당시 조선은 몇 년째 기근이 들어 지방에서 한양으로 인구가 유입되었는데, 1657년의 한양 인구가 8만여 명에 불과하였으나 12년 뒤인 1669년에는 19만여 명으로 증가하였다. 이에 따라 도시 빈민이 증가하고 사회 문제로 대두되었으며, 늘어난 인구 때문에 금표禁標(산에 출입을 막은 지역)도 완화하여, 나무를 남벌濫伐하여 목재로 사용하고 개간을 하였기 때문에 비만 오면 토사가 쓸려 내려와 개천이 막히고 범람하는 일이 자주 발생하였다.

영조는 도성을 가로질러 흐르는 개천의 준설을 위하여 주민들의 의견을 물어보았는데, 영조 28년(1752) 1월 27일에 광통교에 나가 인근 주민에게 준천에 대한 의견을 물으니 주민들이 다 찬성하였다고 하였다. 개천의 준설 공사에 대한 타당성을 백성에게 물어보는 자리에서 백성들이 말하기를 "저희들이 어렸을 때에는 말을 타고 다리 아래를 지나가는 것을 보았는데, 지금은 다리와 모래가 서로 맞닿게 되었다"라고 한 것으로 보아도 토사로 인하여 하천에 물이 흐를 수 있는 공간이 줄어들어 홍수 피해가 크게 있었음을 짐작할 수 있다. 이는 세종 이후 준설 공사를 크게 하지 않은 원인도 있지만, 당시 서울의 인구가 늘어나 산의 나무를 땔감으로 이용하게 되었고, 이 때문에 홍수가 발생하면 산에서 쓸려 내려온 모래가 하천에 쌓였기 때문이기도 하다.

그림 3. <수문상친림관역도水門上親臨觀役圖>, 『준천시사열무도濬川試射閱武圖』, 1760년, 서울대학교 규장각한국학연구원

1760년에 실시한 개천 준설공사와 이를 기념하여 무사들의 무예를 시험한 행사 그림.
오간수문[지금의 동대문 근처] 위에는 영조가 행차해 있고 하천변에는 인부가 소와 가래 등을 이용하여 준설 작업에 열중하는 모습이 보인다.

영조 35년(1759) 10월부터 개천의 준설을 위한 제반 작업을 진행하였는데, 10월 6일 홍봉한, 이창의, 홍계희를 준천당상으로 삼고 절목節目을 만들라고 하였고, 그 이틀 후에는 몇몇 대신을 보내어 지형을 살피게 하였다. 다음 날인 9일에는 한성부당상이 준천도를 올렸다. 여기서 준천도는 설계도와 같은 의미로 해석할 수 있다. 10월 15일부터는 자원자들을 모집하였는데, 만여 명이 넘은 것으로 추정된다. 또한 모군募軍이라고 하여 일당을 주고 노역을 시켰는데 도시 빈민을 위한 배려였다. 영조 36년(1760) 3월 16일에 『준천사실濬川事實』을 작성하도록 하였다. 영조가 직접

그림 4. <경성수표교>, 1910~1920년, 서울역사박물관
하천 바닥에는 모래가 잔뜩 쌓여 있고, 물이 흐를 수 있는 폭이 상당히 좁아 든 것을 볼 수 있다.

그림 5. 장충단 공원으로 이전된 수표교, 김현준 촬영

그림 6. 수표교 교각에 새겨진 경진지평庚辰地平 문구, 김현준 촬영

작성한 서문을 보면, 이후의 준천을 하는 것은 후대의 과제이며 『준천사실』을 펴내어 필요한 조리와 법 등을 남긴다고 되어 있다. 광통교와 수표교 교각에 경진지평庚辰地平이라는 글을 새겨 넣었고, 이후로 조선 말기까지 이 글자가 안 보일 정도로 모래가 쌓이면 준설하도록 하고 있다.

- 영조 34년(1758) 5월 6일(신묘)
  임금이 숭문당에 나아가서 대신大臣·부관部官과 오부五部 방민坊民을 소견하고, 준거濬渠의 가부可否를 물었다.

- 영조 36년(1760) 3월 16일(신유)
  준천濬川의 대책은 역시 모색하기 어려운 일이더니, 이제는 그 실마리를 알 수 있겠다. 이미 조그마한 책자를 하나 만들도록 명하여 『준천사실濬川事實』 이라고 이름 하였으니, 책이 완성된 뒤에는 서문을 지어 내리겠다.

- 영조 36년(1760) 4월 9일(계미)
  대제大祭를 마친 후에 오간수문五間水門에 임하여 준천 공사를 관찰하였다.

제2의 준천 공사

순조 18년(1818)에 준천을 마쳤다는 기록이 있으며 순조 22년(1822)에는 준천법을 새로 만들었다고 하였다. 순조 32년(1832) 7월에 준설하는 것이 왕정王政의 큰일이라고 하였으며 비변사에서 준천하는 절차를 만들어 보고하였다. 8월에는 비변사에서 준천사목을 작성하였는데 경진년(영조 36년, 1760)의 예를 근간으로 하였다고 한다. 이 보고를 보면 영조 이후 2~3년 간격으로 준설하였으나 지금 피해가 큰 것은 크게 공사를 벌리어 장구한 계획을 세우지 못했기 때문이며, 또한 만전을 다할 것을 하교하고 현저한 실효가 없을 때에는 직무를 다하지 못한 죄를 면하기 어려울 것이라고 하였다. 순조 33년(1833) 4월 19일 송기교에서 영도교까지 전 구간에 대하여 경진년의 지평으로 개천을 팠다고 하였다.

- 순조 33년(1833) 4월 19일(기미)
  준천사濬川司에서 송기교松杞橋로부터 영도교永都橋에 이르기까지 경진년의 지평地平으로 개천을 파서 역사를 끝냈다고 아뢰니 당상堂上 이하에게 차등 있게 시상하였다.

3. 수표水標

수표 설치

하천의 수위를 최초로 측정한 것은 이집트인들인데, BC 3000년에 나일강의 홍수위를 측정하여 곡물 생산량을 가늠하였다. 조선시대에도 도성의 개천과 한강변에서 하천 수위를 측정하였다. 세종 23년(1441)에 측우기와 수표를 제작하여 강우량과 하천수위를 측정하기 시작한 것이다. 수표는 지금의 청계천과 한강변 두 곳에 설치하였다. 개천에 세워져 수위를 측정하던 수표는 보물 제838호로 지정되어 있고, 현재 세종대왕기념관 뜰에 보관되어 있다.

그림 7. <나일강 수위를 측정하던 수표>, Nilometer, wikipedia

그림 8. <서울중구 수표교 옆 수표>, 국립중앙박물관

그림 9. <수표교 및 수표>, 서울역사박물관

한강변에는 바윗돌에 직접 눈금을 새겼고, 개천의 마전교 서쪽에는 낮은 돌기둥 위에 나무기둥을 세웠다. 세종 23년(1441)에 측우기와 함께 개천의 홍수위를 측정하였는데, "개천의 마전교馬前橋 서쪽 수중水中에다 박석薄石을 놓고, 돌 위를 파고서 부석趺石 둘을 세워 가운데에 방목주方木柱를 세우고, 쇠갈구리鐵鉤로 부석을 고정시켜 척尺·촌寸·분수分數를 기둥 위에 새기고, 본조本曹 낭청郎廳이 우수雨水의 천심 분수分數를 살펴서 보고하게 하고, 한강 물은 암석 위에 세운 척· 촌· 분까지 눈금을 새긴 수표를 만들어 강도승江度丞이 수량을 측정하여 보고하게 했다."고 하였다. 성종 13년(1482)에 편찬된 『동국여지승람東國輿地勝覽』에서는 '수표교 재장통교 동 교서 수중 입석표 각 척촌지수 범우수 이지천심水標橋在長通橋東 橋西水中立石標 刻尺寸之數 凡雨水以知淺深'이라 기록되어 있어 세종 23년의 방목주가 언제인지는 모르나 성종 13년까지 사이엔 돌기둥으로 다시 만들어졌다. 순조 30년(1830), 『한경지략漢京識略』 수표교 조를 보면 '재중부장통방교서 입표석 각척촌이험수심우각경진수평4자 차 표석 금이훼 경립 신석在中部長通坊 橋西立標石刻尺寸 以驗水深 又刻庚辰水平四字 此標石今已毁更立新石'이라 하여 척 · 촌 단위의 눈금이 새겨진 옛 수표석은 훼손되었으므로 새로운 수표석이 만들어졌다. 돌기둥 양면에는 1척에서 10척까지 1척(21.5㎝)마다 눈금을 새겼다.

『조선왕조실록』에 수록된 최초의 수표 관측 기록은 선조 3년(1570)에 실린, "이달 14일 비가 내려 수표교水標橋의 수심이 6척 4촌입니다."이다. 정조 11년(1787)에는 수표 단자水標單子로 인하여, 하교하기를, "이전에는 수표를 날날이 써서 들였는데 근자에 소홀함이 더없이 심하다. 『등록謄錄』을 살펴보니 근만勤慢을 알 만하다. 이후로 엄하게 신칙하라."고 하여 수표의 관측에 주의를 기울인 대목을 볼 수 있다.

- 세종 23년(1441) 8월 18일(임오)

  호조에서 아뢰기를,

  마전교馬前橋 서쪽 수중水中에다 박석薄石을 놓고, 돌 위를 파고서 부석趺石 둘을 세워 가운데에 방목주方木柱를 세우고, 쇠갈구리鐵鉤로 부석을 고정시켜 척尺·촌寸·분수分數를 기둥 위에 새기고, 본조本曹 낭청郎廳이 우수雨水의 천심 분수分數를 살펴서 보고하게 하고, 또 한강변漢江邊의 암석巖石 위에 푯말標을 세우고 척·촌·분수를 새겨, 도승渡丞이 이것으로 물의 천심을 측량하여 본조本曹에 보고하여 아뢰게 하며….

- 선조 3년(1570) 5월 14일(신사)
  예조가 아뢰었다. "이달 14일 비가 내려 수표교水標橋 수심이 6척 4촌입니다."

- 정조 4년(1780) 6월 26일(계유)
  밤새도록 비가 내렸어도 쏟는 듯하지는 않아서 측우測雨의 수심水深도 서너 치에 지나지 않았는데, 새벽에 수표水標에서 신보申報한 것에는 표 위로 물이 넘었다 한 것은 반드시 근래 천거川渠가 막혀도 전혀 준설하지 않은 탓일 것이니, 이 뒤로는 각별히 더 신칙하라.

수표 기록

수표의 관측 기록을 복원하기 위하여 『조선왕조실록』, 『고종·순종실록』, 『승정원일기』, 『일성록』, 『기우제등록』 등의 고문헌을 조사하였다(한국건설기술연구원, 2005). 수표 기록을 조사하여 학계에 처음으로 보고한 사람은 일본인 와다 유지和田雄治이다. 그는 『풍운기』, 『천변초출등록』, 『조선왕조실록』, 『승정원일기』, 『일성록』, 『국조보감』, 『증보문헌비고』, 『기우제등록』 등 조선의 고문헌을 조사하여 측우기의 강우량과 수표의 수위기록을 정리하였다. 『조선고대관측기록조사보고』(와다 유지和田雄治, 1917)에 의하면, 서울 부근에서 1400년 이후 460년간 발생한 홍수는 172건으로써, 월별로는 7월(75회), 8월(47회), 8월(19회) 순으로 많이 발생하였다.

표 1. 수표 기록 복원에 사용된 고문헌

고문헌	내용
『조선왕조실록』	조선왕조실록은 조선 태조부터 철종에 이르기까지 25대 472년간의 역사를 연월일의 순서에 따라 기록한 책이다. 완질의 분량이 1,707권 1,188책(약 6,400만자)에 이르는 방대한 기록이다. 1973년 12월 31일에 국보 제151호로 지정되었고, 1997년 10월 1일에는 유네스코 세계기록유산으로 등록되었다.
『고종·순종실록』	조선왕조실록에는 일제침략기에 일본인들의 주도로 편찬된 『고종태황제실록高宗太皇帝實錄』과 『순종황제실록純宗皇帝實錄』은 포함시키지 않는다.
『승정원일기』	인조 1년(1623) 3월부터 1910년 8월까지 왕명을 담당하던 기관인 승정원에서 처리한 여러 가지 사건들과 취급하였던 행정 사무, 의례적 사항 등을 매일 기록한 책이다. 역사를 연도에 따라 서술하는 편년체로서 날짜순으로 배열하였다. 2001년 유네스코 세계기록유산으로 지정되었다.
『일성록』	조선 영조 36년(1760) 1월부터 1910년 8월까지 조정과 내외의 신하에 관련된 일기이다. 임금의 입장에서 펴낸 일기의 형식을 갖추고 있으나 실질적으로는 정부의 공식적인 기록이다. 일성록에는 측우기에 의하여 관측된 강우량 기록이 모두 수록되어 있다.
『기우제등록』	인조 14년(1636)부터 고종 26년(1889)까지 가뭄 때의 기우제, 장마 때의 기청제에 관한 기록과 수표水標 및 측우기測雨器에 의한 강우량을 수록한 기록서이다.
『조선고대관측기록조사보고서』	일제 치하의 조선총독부에서 와다 유지和田雄治로 하여금 작성한 조선의 측우기에 의한 강우량 측정 및 수표에 의한 하천 홍수위 및 도성 내의 홍수 발생 기록을 정리한 책이다.

한국건설기술연구원(2005)은 『승정원일기』와 『기우제등록』에 수록된 수표 기록을 복원하였다. 『기우제등록』은 인조 11년(1633)부터 고종 27년(1890)까지의 기우제, 기청제, 기설제에 대한 기록을 정리한 것으로 전체 6권으로 구성되어 있다. 기우제 기록과 함께 수표 기록(중부, 남부, 한강 및 수표)이 포함되어 있다.

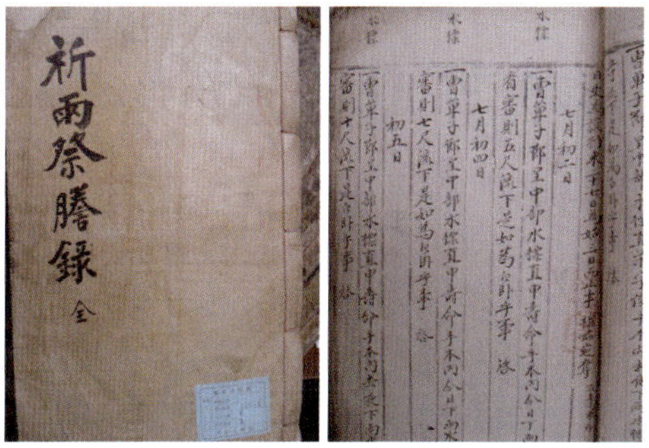

그림 10.『기우제등록』, 1636~1889년, 서울대학교 규장각한국학연구원
인조부터 고종까지 수행된 기우제, 기청제, 기설제에 대한 절차와 내용 외에도 개천과 한강에서 측정된 수위 기록이 포함되어 있다.

『기우제등록』에 수록된 수표 기록은 총 690회에 이르지만, 1779년 6월 11일의 3척 5촌을 마지막으로 더 이상의 기록은 찾아볼 수 없다. 숙종의 재위 기간에는 1669년부터 1719년까지 매년의 홍수 상황이 기록되어 있다. 당시 한강의 수위와 도성 안 개천에서 중부수표와 남부수표 2곳의 수표 기록이 있으나, 숙종 23년(1697)부터는 중부수표만 기록되어 있다. 이 지점에서의 10척을 상회하는 홍수는 20회나 되었다. 대부분의 기록은 1680년(숙종 6)~1725년(영조 1), 1755년(영조 31)~1780년(정조 4)까지 70년 동안에 집중되어 있다. 그림 11과 그림 12는 『기우제등록』에 기록된 남부수표, 중부수표, 수표, 한강수표의 기록들이다. 수표 기록은 1600년대 후반까지 남부수표와 중부수표로 기록되었으나 1697년(임신년)에 남부수표 기록이 끝나게 된다. 1698년부터 1760년 6월 12일 까지는 중부수표만 기록되다가 1760년 6월 15일 이후로는 수표 기록만 기록되어 있다. 도성 내의 수표는 중부수표, 남부수표 및 수표로 구분되어 있으나, 수표라고 표시된 자료는 중부수표의 연속으로 볼 수 있다. 두 지점의 자료가 동시에 보고된 날짜도 것으로 보아 최소한 두 지점에서 수표 관측을 수행한 것으로 보인다.

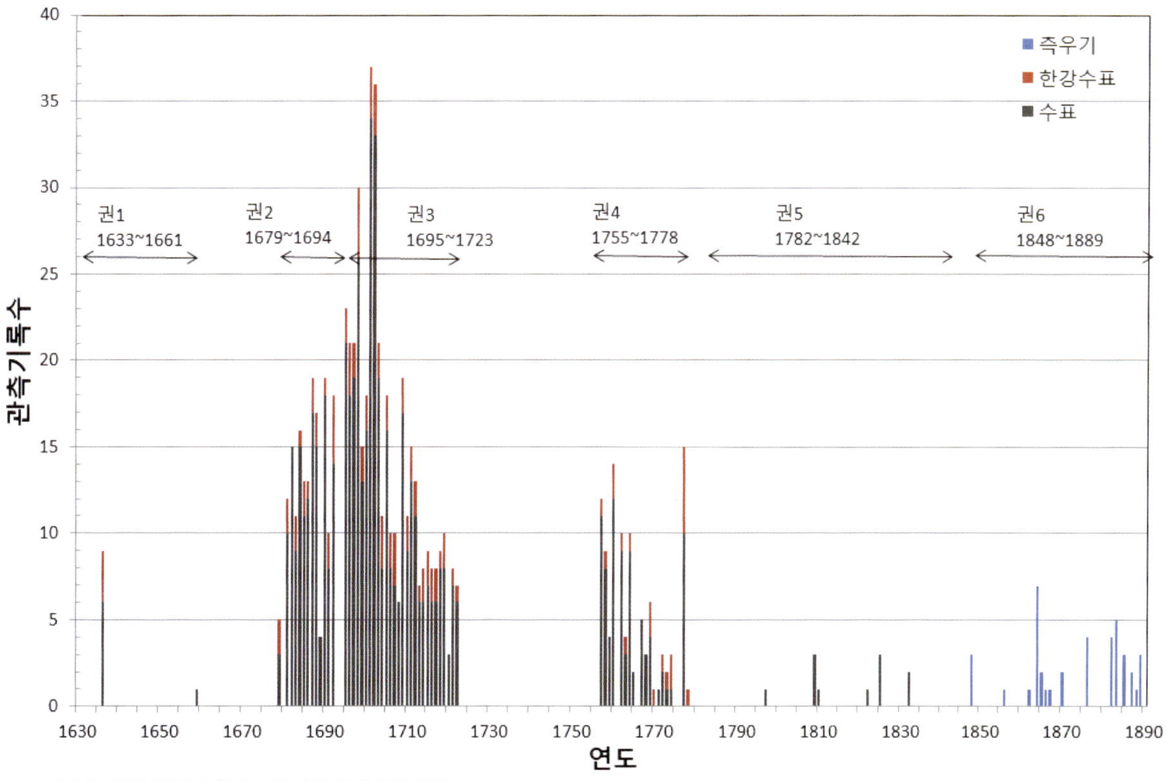

그림 11.『기우제등록』에 수록된 수표 및 측우기 기록
수표의 관측 기록은 1680년(숙종 6)~1725년(영조 1), 1755년(영조 31)~1780년(정조 4)에 집중되어 있고, 1850년 이후로는 수표 기록 대신에 측우기에 의하여 측정된 우량 기록만이 있다.

표 2. 수표의 수위 구간별 기록

홍수위	수표	1~2척	2~4척	4~6척	6~8척	8~10척	10척~
『조선고대 관측기록조사보고』 (1554~1778)	중부	0	6	27	40	19	14
	남부	0	3	7	9	4	0
	수표	0	0	1	2	2	0
『승정원일기』 (1663~1774, 한국건설기술연구원)	중부	0	2	1	1	0	0
	남부	0	2	3	1	0	0
	수표	8	9	9	1	2	4
『기우제등록』 (1633~1889, 한국건설기술연구원)	중부	126	151	74	61	29	20
	남부	14	23	22	9	5	2
	수표	25	16	12	1	0	2

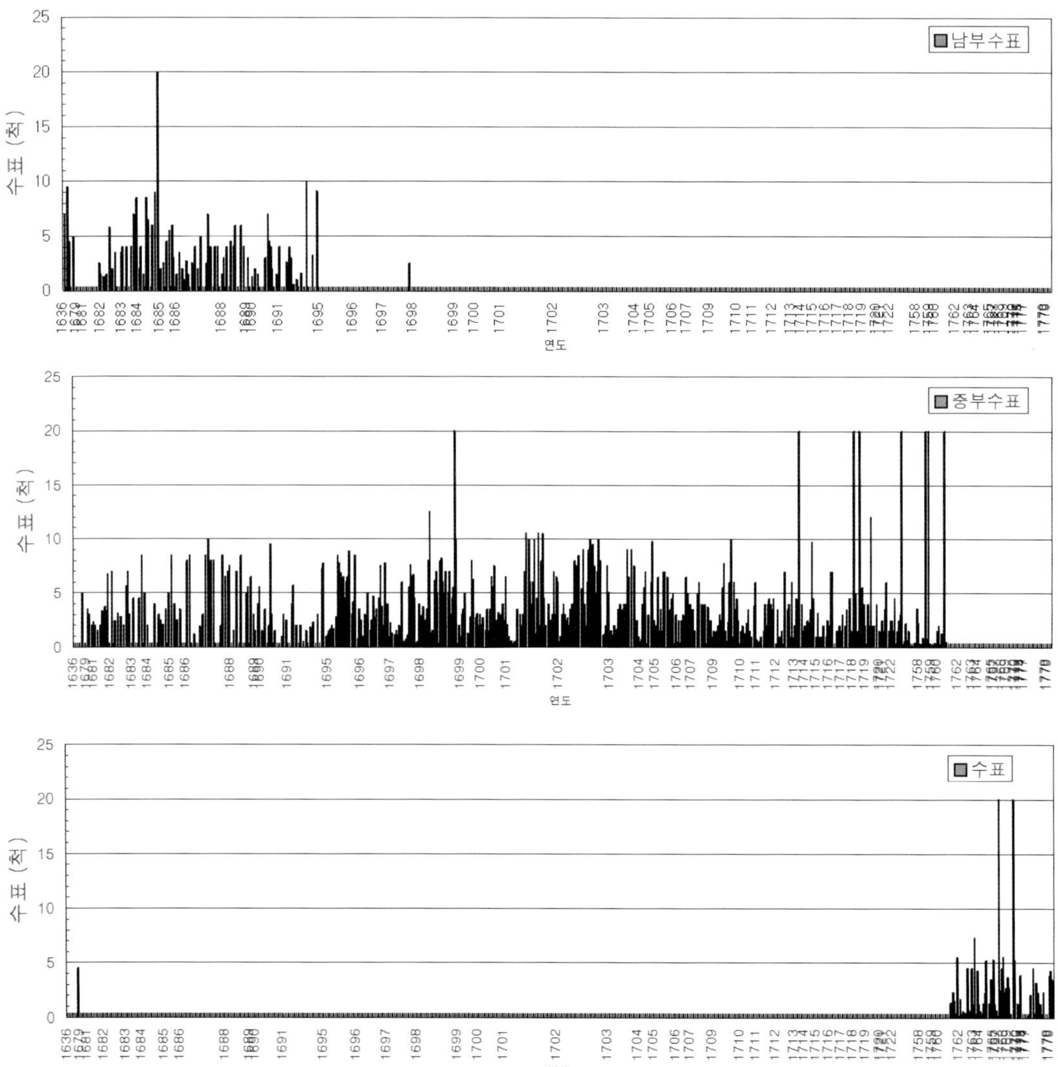

그림 12. 조선시대 수표 기록
위로부터 남부수표, 중부수표, 수표.
수표의 측정 한계는 10척 이었으며, 그림에서 20척으로 표시된 것은 수표의 측정 상한인 10척을 넘어서 월류된 것을 표시한 것임.

조선시대 개천의 홍수에 대한 모습은 수표의 기록만으로 확인이 되고 서화書畫로 남겨진 것은 확인할 수 없다. 반면에, 구한말 이후의 홍수 모습은 사진 자료를 통해서도 확인이 가능하다. 1915년 여름, 『매일신보』(그림 13)에, "24일 오전 여덟시 수표교의 수표석은 삼분의 이나 물속에 파묻혔다."라는 기사와 사진을 함께 실었다. 또한 사진작가 임인식(1920~1998)의 작품에서도 개천의 홍수 모습을 확인할 수 있는데, 1953년 여름에 수표교 다리 상판 아래까지 찰랑거리는 물결과 함께 수표 윗부분까지 물에 잠긴 모습을 볼 수 있다.

수표는 한강변에도 설치되었다. 한강 수표는 현재 한남대교 북단의 제천정 터 부근에서 측정된 것으로 추정된다. 을축년(1925) 대홍수 때, 한강수표가 유실되었다고 한다.

그림 13. 수표교 홍수, 『매일신보』, 1915. 07. 25, 국립중앙도서관

그림 14. 임인식, <수표교 홍수>, 1953년 여름, 서울시역사박물관

수표관측원水標直

개천의 수위는 관원官員이 직접 자를 들고 측정하거나 홍수 시에는 수표교에서 수표 뒷면에 새겨진 눈금을 보고 측정하였다. 실록의 기록을 살펴보면, 세종 때에는 호조 소속의 낭청郎廳이 개천의 수표를 측정하여 보고를 하였고, 한강수표의 경우는 도승渡丞이 보고하였다. 선조 이후의 기록을 보면 예조에서 측정을 한 것으로 보인다. 『기우제등록』에 의하면, 수위를 측정하여 보고하는 관리를 수표직水標直이라고 하였다. 수표직이 수본手本을 작성하여 예조에 제출하여 초기草記를 하고 수표단자水標單子를 만들어 왕에게 보고하였다. 『기우제등록』에는 인조 8년 (1630) 이후 고종 27년 (1890)까지 수표 기록과 함께 관측을 하였던 담당자의 이름이 같이 기재되어 있다. 총 193명(이름이 기재되지 않은 16건 제외)의 수표직과 도승 이름이 적시되어 있는데, 이 중에서 20회 이상 관측한 사람은 6명, 5회 이상 20회 미만은 21명, 5회 미만 166명이다. 20회 이상 수표의 수위를 측정한 사람들은 성충립成忠立(1679~1684), 성차선成次善(1686~1691), 조주생趙周生(1686~1771), 박모을로朴毛乙老(1696~1704), 한율금韓栗金(1696~1701), 박인서朴麟瑞(1760~1768) 등이다.『기우제등록』에 수록된 수표직의 명단을 아래에 밝혀둔다. 이들이 있었기에 귀중한 수표의 기록들이 전해져 올 수 있었다.

그림 15. 한강 수표터, 서울시 사적 176호, 김현준 촬영
현재, 한남대교 북단의 둔치에 위치하고 있다.

수표직 명단

강가팔리姜加八里, 강악발姜惡發, 강재주姜載周, 강차팔리姜次八里, 강후정姜厚精, 고성원高成元, 고차만高次萬, 김갑생金甲生, 김건金健, 김검동金儉同, 김구더쇠金九加金, 김귀손金貴孫, 김금이金萬伊, 김동명金東鳴, 김동이金同伊, 김동질이金同叱伊, 김두만金斗萬, 김로金璐, 김만金萬, 김만복金萬福, 김만이金萬伊, 김말선金乷善, 김말종金乷種, 김보흥金寶興, 김부귀金富貴, 김사동金四同, 김상익金尙益, 김상희金祥喜, 김성민金成民, 김세진金世珍, 김수산金壽山, 김승순金承順, 김시웅金時雄, 김영만金英萬, 김오동金五同, 김이남金二南, 김일금金日金, 김임금金任金, 김점동金占同, 김종건金宗建, 김준징金俊澄, 김진문金振文, 김천량金千良, 김축생金丑生, 김태종金太種, 김흥상金興祥, 나득좌羅得佐, 도승渡丞 -한강수표,

류상열劉尙悅, 류시영柳時英, 문차금文次金, 민재흥閔再興, 박구더쇠朴九加金, 박기서朴棋瑞, 박동朴同, 박동이朴同伊, 박동질이朴同叱伊, 박똥이朴㖙伊, 박모을로朴毛乙老, 박사산朴士山, 박세벌朴世伐, 박오동朴五同, 박응동朴應同, 박인朴麟, 박인서朴麟瑞, 박징朴卄徵, 박태명朴太明, 박후강朴厚江, 서상윤徐尙胤, 서진익徐振翼, 서학령徐鶴齡, 성경成景, 성사선成士善, 성이선成二先, 성자근선成者斤善, 성차선成次善, 성충립成忠立, 손정석孫貞石, 손정순孫貞順, 승두민承斗民, 승지강承智康, 신수명申壽命, 신익려辛益礪, 심약호沈若浩, 안기금安起金, 안성재安成才, 안윤기安允基, 안의금安義金, 양돌쇠梁石乙金, 양상만梁尙曼, 양우주梁宇柱, 양우준梁宇俊, 양우징梁宇徵, 오점금吳點金, 오점동吳點同, 유만세兪萬世, 유상열劉尙悅, 유시영柳時英, 유영한劉英漢, 유태명兪太明, 윤기삼尹起三, 윤두만尹斗萬, 윤일금尹一金, 윤진오尹進五, 윤홍찬尹弘瓚, 이개로미李介老味, 이구李仇, 이구석李求石, 이귀석李貴碩, 이기李起, 이노미이李老味伊, 이대만李代萬, 이동번李東蕃, 이동영李東英, 이동준李東浚, 이동질이李同叱伊, 이두경李斗慶, 이봉조李封祚, 이부억李夫億, 이산업李山業, 이상건李尙建, 이상기李尙起, 이상립李尙立, 이성재李成才, 이성준李成俊, 이소동李小同, 이수조李壽祚, 이숙화李肅和, 이애남李愛男, 이어질동李於叱同, 이어질생李於叱生, 이엇동李旕同, 이엇생李旕生, 이원형李元亨, 이육선李六善, 이익화李益華, 이장석李長碩, 이점동李點同, 이중길李重吉, 이지건李之建, 이진석李震碩, 이태종李太從, 이태준李太俊, 이한엽李漢燁, 이함李涵, 인찬기印讚起, 임가부리林加夫里, 임개부리林介夫里, 임로任璐, 임백령林栢齡, 임석林石, 임선복林善福, 임신민林信民, 장사유張士維, 장세기張世起, 장필흥張必興, 장호걸張豪傑, 전태성全太成, 정공열丁公說, 정대후鄭大垕, 정삼명鄭三命, 정지흥鄭之興, 정희열丁希說, 조귀동趙貴同, 조귀일趙貴一, 조만억趙萬億, 조윤동趙允同, 조점趙點, 조점이趙占伊, 조정석趙廷碩, 조주생趙周生, 조후진趙後進, 주생곤朱生坤, 지귀영池貴榮, 지하징池夏澄, 차귀인車貴仁, 차두겁車斗劫, 차두질겁車斗叱劫, 채노중蔡老仲, 최감송崔甘松, 최귀천崔貴天, 최금이崔金伊, 최대봉崔大奉, 최돌석崔乭金, 최두만崔斗萬, 최두응崔斗應, 최세복崔世福, 최익태崔益泰, 한복기韓福基, 한율금韓栗金, 홍성구洪成龜, 홍주생洪周生(이상 193명, 무명 16인).

4. 맺음말

태종 때부터 시작된 개천의 준설 사업은 마지막 공사인 고종 30년(1893)까지 지속적으로 시행되었으며, 때로는 대규모의 국가적 사업으로 수행되기도 하였다. 영조 36년 이후로는 광통교와 수표교의 교각에 경진지평庚辰地平이라는 글귀를 새겨 넣었는데, 하천에 토사가 쌓여 이 글자가 안 보이게 되면 이 글자가 보이도록 모래를 파내는 준천 공사의 기준으로 활용하였다.

측우기와 수표는 세종 23년(1441)에 발명된 수문 관측 도구로써 현대의 관측 장비와 견주어도 전혀 손색이 없다. 특히 측우기는 과학적으로 강우량을 측정한 세계 최초의 강우계이며 서양보다 200년이나 앞선 발명이다. 측우기에 의해 관측된 강우량은 기상학, 수문학 등 관련 분야에서 귀중한 자료로 이용되고 있다. 수표 자료는 도성의 개천(청계천)과 한강변에서 측정되었으나, 와다 유지(1917)에 의하여 일부만이 복원되었고 활용은 전혀 없는 실정이었다. 한국건설기술연구원(2005)은 『승정원일기』와 『기우제등록』에 수록된 수표의 기록을 복원하였다. 복원된 자료는 와다 유지가 누락한 수표 기록과 함께 관측원의 명단을 포함하고 있다. 수표 기록은 1600년대 후반까지 남부수표와 중부수표로 기록되었으나 1697년(임신년)에 남부수표에 대한 기록은 더 이상 없다. 1698년부터 1760년 6월 12일까지는 중부수표만 기록되다가 1760년 6월 15일 이후로는 수표로 기록되어 있다. 『기우제등록』에 수록된 수표 기록은 총 690회에 이르지만, 1779년 6월 11일의 3척 5촌을 마지막으로 더 이상의 기록은 찾아볼 수 없다. 영조 46년(1770)에 복원된 측우기에 의한 측정이 이루어졌었기 때문인 것으로 추측된다. 수표의 관측 기록은 1633년~1779년 기간에 집중되어 있는데, 이 기간 동안 수표 관측 상한이 10척(약 2.1m)을 상회하는 홍수위가 20회 발생한 것으로 기록하고 있다.

온고이지신가이위사의溫故而知新可以爲師矣, 『논어論語』에 나오는 공자의 말이다. "옛 것을 익혀 새것을 알면 남의 스승이 될 수 있다."라는 뜻인데, 자연 현상을 연구하는 수문학자水文學者에게는 가슴 깊이 새겨둘 만하다. 수문학이란 학문이 자연에서 발생하는 강우와 유출流出에 대한 물의 순환 과정을 다루는 분야이므로 과거에 발생하였던 가뭄과 홍수 등에 대한 기록은 실험으로 재현할 수 없는 귀중한 실증 자료이기 때문이다. 자연재해는 과거에도 있어 왔고, 현재도 있으며, 앞으로도 발생할 것이다. 선조들이 물려주신 역사 기록에서 과거에 발생하였던 가뭄, 홍수, 태풍 등에 대한 내용을 찾아볼 수 있다는 것은 우리나라만이 가지고 있는 유산이다. 이러한 기록들이 현재의 자연재해를 이해하는 데 도움이 될 수 있을 것이다.

참고문헌

국사편찬위원회, 2005, 『조선왕조실록』, http://silok.history.go.kr

국사편찬위원회, 2005, 『승정원일기』, http://sjw.history.go.kr

서울대학교 규장각한국학연구원, 『기우제등록』, http://kyujanggak.snu.ac.kr/

김현준, 1998, 『조선시대 하천공사 기록 조사』, 한국건설기술연구원

김현준, 1999, 『조선시대 홍수기록 기록 조사』, 한국건설기술연구원

민족문화추진회, 2006, 『일성록』, http://www.minchu.or.kr

한국건설기술연구원, 2005, 『이상기후에 대비한 시설기준강화연구(극치수문사상변화특성)』, 건설교통기술평가원/건설교통부

和田雄治, 1917, 『朝鮮古代觀測記錄調査報告』, 朝鮮總督

수표교 축조에 보이는 조선의 토목기술과 도성 변천

중앙문화재연구원 **홍 지 윤**

1. 머리말

길이 하천을 만났을 때 안전하게 건너기 위한 시설로 다리가 축조된다. 얕은 물에는 큰 돌을 드문드문 놓아 징검다리를 만들기도 하고, 바닥에 나무 기둥을 세워 기둥과 기둥 사이에 얼개를 만들고 떼를 입힌 토교土橋를 만들기도 한다. 새로운 도시를 건설하면서 사람들의 이동에 편리하게끔 길을 내고, 물길과 만나는 곳에 다리를 건설하여 물류를 원활히 하고자 하는 것은 예나 지금이나 다를 바 없다. 개경의 지덕이 다하였음을 명분으로 새로운 왕조를 연 조선은 한양으로 천도하게 되는데, 다양한 논의 끝에 태조 3년(1394) 8월 24일 한양을 새로운 도읍으로 결정[1]하고, 10월 천도하였다.[2] 천도에 따라 한양을 새로운 왕조에 걸맞은 도시로 건설하게 되는데, 백악산, 인왕산, 목멱산, 타락산을 따라 성곽을 구축하고, 사방에 길과 연결된 대문과 소문을 설치함과 아울러 궁궐과 종묘, 사직단을 배치하면서 도성의 모습을 갖추게 된다.

한양은 비가 오면 물길이 가운데로 모이는 지형을 하고 있어 도성을 건설함에 있어 가장 중요한 과제가 도성을 둘러싼 내사산內四山[3]에서 흘러내리는 물길의 정비에 있었다. 개천開川은 평상시에 건천乾川으로 말라 있다가 우기雨期가 되면, 주변 산에서 흘러내린 물들이 모여 가옥이 침수되는 등 피해가 빈번하게 발생하였다. 때문에 한양에 도읍을 정한 후 도성 건설과 함께 개천을 정비하여 배수시설을 확보하는 일이 시급한 과제일 수밖에 없었다. 개천 변을 따라 조선의 사회 문화적 기반이 확충되고, 중심상권이 형성되었으며, 생활의 중심지가 되었다. 이런 까닭에 개천의 변화가 곧 도성의 변화를 대변하는 것으로 이해할 수 있다.

조선시대 개천 본류에는 영조 대를 기준으로 송기교松杞橋, 모전교毛廛橋, 광통교廣通橋, 장통교長通橋, 수표교水標橋, 하랑교河浪橋, 효경교孝經橋, 마전교馬廛橋, 오간수문五間水門, 영도교永渡橋 등 9개의 다리와 1개의 수문이 놓여 있었다. 개천에 있었던 이들 구조물 가운데 현재 실물로 남아 있는 것은 광통교와 수표교뿐이다. 광통교는 현재 원위치에서 서쪽으로 옮겨져 복원되어 있으며, 수표교는 장충단공원에 이전되어 있다. 광통교는 다리 구조물이 복개 구조물 아래에 잔존하고 있어 발굴조사를 통해 그 변화를 유추할 수 있는 자료가 확보되었으며, 수표교는 수표교지의 조사를 통해 그 변화의 단초를 확인할 수 있었다. 청계천박물관에서 준비한 '水標橋수표교_ 한양에 비가 내리면' 특별전은 조선의 수리水理 시설로서의 수표와 함께 다리의 변화가 담은 의미를 살피고자 함일 것이다.

1) 『태조실록』 권6 3년 8월 13일.
2) 『태조실록』 권6 3년 10월 25일.
3) 북악산, 인왕산, 목멱산, 낙타산 등 도성을 둘러싸고 있는 주변 산으로 청계천의 수계를 이룬다.

수표교는 청계천이 복개되면서 다리 구조물은 장충단공원에 이전 복원되었는데, 현재 복원된 상태만으로 구조물의 변화를 살피기에 어려움이 있다. 이에 광통교의 조사 결과를 참고하여 수표교의 변화 추이를 살펴보고자 한다. 또한 기록으로 전하는 수표교의 변화와 조사 결과를 비교하여 조선시대 도성의 변화가 어떻게 이루어졌는지 확인하고자 한다. 수표교는 수표라는 개천 수위를 측정하는 기준점이 있음으로 해서 붙여진 이름이며, 금번 특별전을 통해 수표교에 대한 새로운 해석이 이루어지길 기대한다.

2. 수표교지 및 수표교의 현황

수표교는 북부 가회방에서 교동을 거쳐 남부 훈도방 영희전에 이르는 길의 청계천에 놓였던 다리이다. 수표동 43번지와 종로구 관수동 20번지 사이로 청계 2가 수표다리길에 위치하며, 2003년 청계천 복원공사를 계기로 한 발굴조사에서 교각받침석 등 기초시설이 노출되면서 구조를 살필 수 있게 되었다. 조사 내용을 중심으로 현황을 살펴보면 다음과 같다.

수표교지는 복개구조물 아래에 남쪽과 북쪽으로 차집관로가 동서로 연결되어 있고, 중앙을 따라 대형의 상수관로가 개설되어 있는 등 도심의 생활하천임을 반영한 복잡한 구조물로 인해 대부분의 유구가 유실되었을 것으로 추정하였다. 하지만, 얽히고설킨 구조물 사이에서 수표교지의 기초석이 노출되었고, 이를 통해 조선시대 토목 기술의 현황과 도성 변화에 관한 일단을 살펴볼 수 있는 자료가 확보되었다. 멈출 수 없는 도심의 하수와 교통으로 인해 동시에 조사할 수 없는 한계가 있었으며, 공사와 병행하여 조사를 진행할 수밖에 없었다. 수표교지에서 복원되는 하천이 복개구조벽 보다 넓어지는 북측 지역은 수표교와 관련된 도로의 확인을 위한 층위 조사도 병행하였으나 통신선로와 배선이 어지럽게 흩어져 있어 수표다릿길의 확인은 불가능하였다.

수표교지는 철거되지 않은 남쪽 복개구조벽 하부에서 남측 1열의 교각받침석이 위치하며, 남측 복개벽과 상수관로 사이에서 동서 4열의 교각받침석이 확인되었다. 남측에서 2번째 열은 남쪽 차집관로로 인해 교각받침석은 유실되었고, 기초석만이 가지런하게 노출되었다. 동서로 연결된 상수관로에 의해 남쪽에서 4열째의 교각받침석은 파괴되었으며, 그 북쪽에서 남북방향으로 5열 동서방향으로 2~3열의 교각받침석이 노출되었다. 서쪽 4열의 교각받침석은 직경 100㎝ 내외, 두께 50㎝ 정도의 석재를 이용하여 상면을 치석하고 가운데에 직경 40㎝, 깊이 5㎝ 내외의 원형 홈을 만들었다. 이에 비해 동편 5열째의 교각받침석은 장대석 2매를 종 방향과 횡 방향으로 잇대어 만들었는데, 서편 4열에 비해 40㎝ 정도 높게 상면을 형성하였다. 교각받침석 하부에는 모래와 기와, 잡석 등이 부분적으로 채워져 있을 뿐 세굴洗掘 방지를 위한 바닥석은 설치되어 있지 않았다.

교각받침석으로 추정된 수표교지의 동서간 주간거리는 1~4열은 185㎝로 동일하고, 4열과 5열 사이는 155㎝로 확인되었다. 남북 길이 방향의 주간거리는 남측 1열에서부터 280㎝, 280㎝, 300㎝, 300㎝, 300㎝, 300㎝,

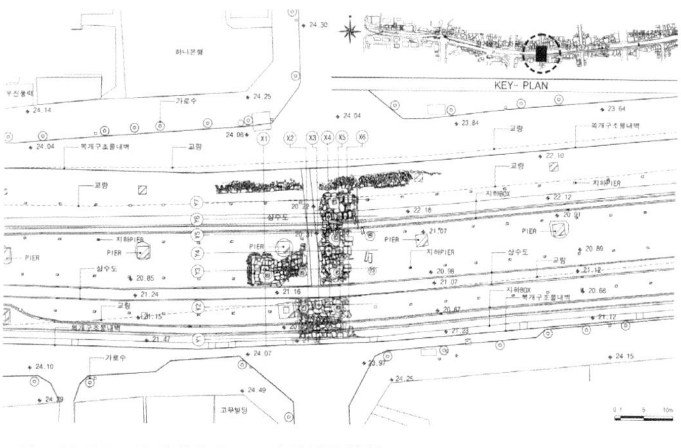

그림 1. 복개구조물 아래의 수표교지 위치와 현황

280㎝, 280㎝로 확인된다. 북측 9열에서 북측 교대 까지가 170㎝이며, 남측 1열에서 남측 교대까지의 거리도 동일한 것으로 추정 가능하다면, 교각받침석과 교대로 확인된 수표교 바닥의 남북 길이는 26.60m이다. 서편 4열의 교각받침석 하부에는 동서 너비 10.5m 범위에 기초석이 정연하게 깔려 있었다. 기초석 위에 교각받침석을 배치하고, 교각받침석 사이에는 잡석을 채워 교각 받침석과 비슷한 높이까지 깔아 다리 바닥을 구축하였다.

수표를 세운 기단부는 수표교지의 중앙 5열 서편에서 확인되는데, 수표교지 5열 바닥석과 연결되어 있다. 기단부는 직경 480㎝의 방형으로 조성하였고, 가운데에 직경 140㎝, 두께 100㎝의 방형 초석이 위치한다. 초석 중앙부에 직경 40×52㎝의 방형 홈이 32㎝ 깊이로 파여져 있다. 이 홈에 수표가 세워졌을 것으로 보이며, 수표교지 서편 5열에서 상류 쪽으로 750㎝ 지점에 위치한다. 기단부와 초석은 30㎝ 내외의 할석을 4~7단 정도 쌓은 적심 위에 축조하고 있으며, 적심은 직경 590㎝ 범위로 구축하였다. 적심 하부에 조밀하게 말목이 지정되어 있다. 수표석 기단부 북동 모서리와 수표교지 중앙 5열 서편에서 확인된 목재에 대한 연륜연대 측정 결과, 1486년경에 벌채된 소나무로 확인되었다.

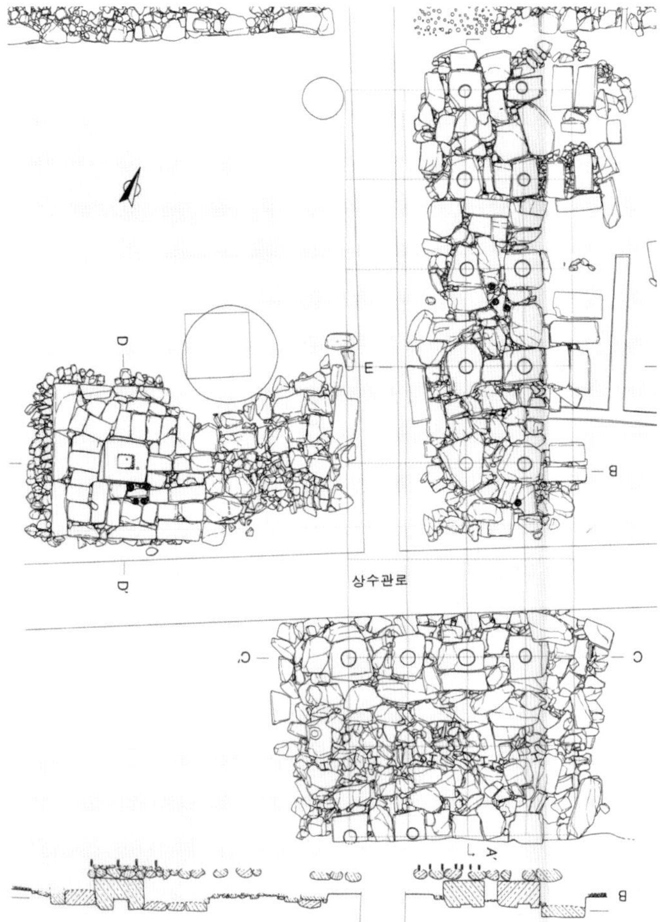

그림 2. 수표교지 조사현황

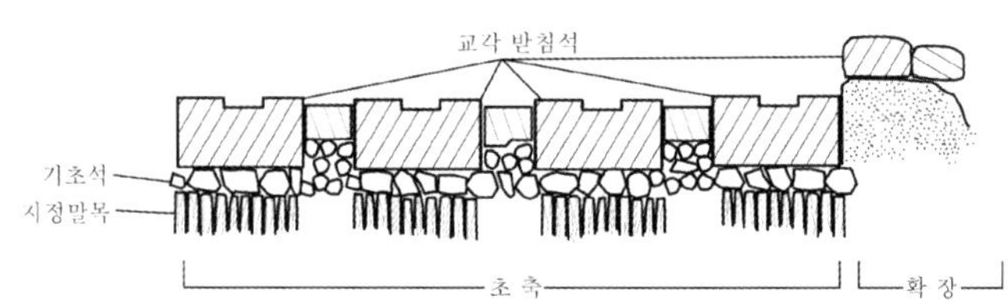

그림 3. 수표교지 단면 모식도

장충단공원에 옮겨진 수표교는 교각이 5×9열로 배치되어 있으며, 광통교와 같이 상하 2단으로 교각이 구성되어 있다. 하단 교각이 매몰되어 있어 규모를 파악할 수 없으나, 상단 교각은 90~135㎝로 교각 길이의 차이가 난다. 상단 교각 길이는 110~120㎝가 37곳으로 대부분을 차지하며, 8곳에서 90~135㎝까지 불규칙한 석재가 사용되었다. 상류에서 2번째 열 중앙부 교각 하단에 경진지평庚辰地平이 각자되어 있다. 교각석 상태는 대체로 불량하다.

상단 교각은 상류에서 두 번째 열에서 남에서 북으로 135㎝, 95㎝, 122㎝, 105㎝, 112㎝, 106㎝, 105㎝, 88㎝, 110㎝ 규칙성 없이 위치하고 있어 원 공사 시 부재의 위치가 정확하였는지에 대한 의문을 제기하게 한다. 수표교지에서 동쪽 5열 때의 교각받침석이 서편 4열에 비해 40㎝ 정도 높다는 점을 감안하면, 5번째에서 교각 길이가 조정되었을 가능성이 높을 것으로 추론되지만, 현재의 상단교각 길이로 변화를 유추할 수 없음이 안타까울 따름이다. 따라서 청계천 다리의 변천은 광통교의 조사 결과와 함께 살펴보고 이를 바탕으로 수표교의 변화 과정을 고찰하고자 한다.

3. 청계천 다리의 축조와 변천

1) 광통교 조사로 본 다리의 변천

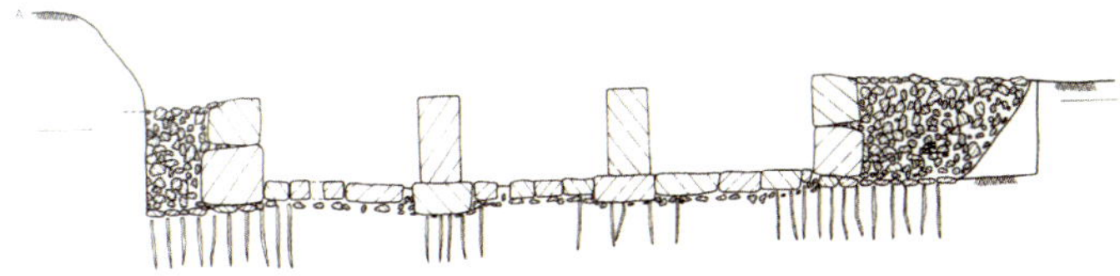

그림 4. 광통교 초축 교각 및 교대

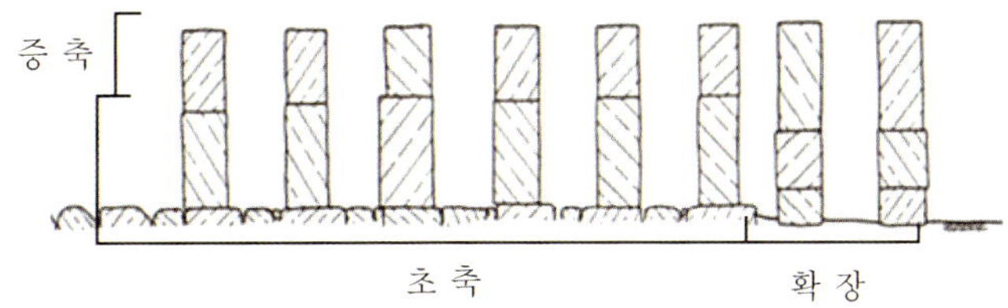

그림 5. 광통교의 교각 변화로 본 변천과정

광통교는 남대문로와 개천이 만나는 지점에 설치된 다리로 복개도로 밑에 교각과 교대, 멍에석과 귀틀석 등 구조물이 잔존하고 있었으며, 청계천 복원공사로 상부 콘크리트 등을 제거하면서 다리의 모습을 확인할 수 있었다. 광통교는 동서 너비 8열, 남북 길이 2열로 교각을 배치하고, 너비 방향으로 각 교각과 교각 사이에 멍에석을 얹고, 그 위에 길이 방향으로 귀틀석을 놓은 후 상판을 덮은 석교이다. 교각은 상하 2단으로 구성되어 있으며, 서편 2열의 교각은 교각석의 길이가 동편 6열과 다르게 지대석을 포함 3단으로 구성되어 있다. 서편 2열의 하부에는 바닥석이 깔려있지 않았으며, 모래층 위에 지대석과 교각석을 놓아 구축하였다. 광통교의 교대는 하부 2단은 잡석으로 뒷채움 하였고, 무덤을 구성하였던 석물을 활용하여 축조하였다. 2단 상면에 귀틀석을 올린 홈이 일부 확인된다. 교대 3, 4단은 약 70×100㎝의 장방형 석재를 세로 방향으로 쌓은 후, 적색 점토와 황색 사질토를 번갈아 뒷채움하여 약 130㎝ 높이로 축조하였다. 교각받침석과 교대 하부는 기초석을 정연하게 깔았으며, 교각받침석 하부와 교대 하부를 중심으로 말목을 조밀하게 박아 지정하였다. 광통교는 토교였다가 태종 10년(1410) 큰비로 다리가 유실되고 인명 피해가 발생하자 정릉의 구기舊基를 이용하여 석교로 축조하였다.[4] 석교가 축조되기 이전의 토교土橋는 2열의 나무 기둥을 세우고, 그 위에 나뭇가지를 얹고 때를 덮은 구조로 추정되며, 하랑교지에서 조사된 초축의 목주열[5]을 통해 그 구조를 짐작할 수 있다.

초축의 광통교는 교대와 교각받침석 하부를 중심으로 말목으로 지정[6]하고, 그 위에 잡석을 깔고 교대와 교각받침석을 올려 상면을 마련하였다. 교각받침석은 두께 50㎝ 내외의 석재를 사용하였으며, 주변 바닥은 교각받침석보다 작은 석재로 면을 맞추었다. 이때 사용된 교대석과 교각받침석, 바닥석 등은 대부분이 무덤을 장식하였던 부재들이 재사용되었다. 초축의 교각은 동편의 2×6열로 교각과 교각받침석 사이에는 철편을 끼워 기울기를 조정하였다. 교각의 길이는 남측 교각은 190~200㎝, 북측 교각은 181~187㎝ 가량으로 남측 교각이 10㎝ 정도 높은데, 이는 도로면의 기울기를 맞추기 위한 의도로 추정된다. 교각 위에 두께 50㎝ 내외의 멍에석을 하천 방향으로 올리고, 교대와 멍에석을 가로질러 귀틀석을 놓았는데, 교대 2단 상면의 귀틀홈이 이를 뒷받침한다. 초축 광통교의 규모는 길이 12m, 너비는 11m로 높이는 230㎝ 정도였을 것으로 추정된다. 도로의 흔적은 2단 교대 상면보다 50㎝ 상부에서 확인되었으며, 당시 지면의 높이를 유추할 수 있다. 이후 도로면은 지속적으로 높아지고 있음이 토층에서 확인된다. 이는 개천을 준설하면서 그 토사로 주변을 채운 결과이며, 경진준천 이후 높아진 주변 지대에 맞추어 교대의 3·4단을 증축하고, 130㎝ 정도의 상단 교각을 올려 다리를 증축하였다. 멍에석과 귀틀석은 초축의 부재를 들어 올려 재사용한 것으로 보인다. 광통교의 증축 시점은

4)『태종실록』권20 10년 8월 8일「大雨水溢 民有溺死者 議政府啓 廣通土橋 雨輒圮毁 請以貞陵舊基 造石橋」.

5) 中央文化財硏究院, 2004,『서울 淸溪川 復元區間內 淸溪川 遺蹟』p. 76.

6) 지정말목의 61%가 상수리나무이며, 19%가 소나무로 전체 80%를 차지한다. 21종의 수종이 확인되며, 소량이기는 하나 남해안에서 자생하는 붓순나무가 확인되고 있어 서울 인근뿐 아니라 남해안의 섬 지역에서도 다리의 축조를 위해 목재가 공급되었음을 알 수 있다.

경진준천과 큰 시차 없이 진행되었을 것으로 추정된다. 광통교가 증축된 이후에 서쪽으로 2열 확장되는데, 바닥석의 범위와 교각받침석 및 교각 높이 등에서 7, 8열의 교각이 추가되었음을 알 수 있다.[7)]

광통교는 경진준천 이후 높아진 도로면에 맞추어 증축되었으며, 청계천에 놓인 다리도 대부분이 2단으로 축조되고 있어 비슷한 시기에 증축되었을 가능성을 제시한다. 초축의 광통교를 통해 남대문로는 현 생활면보다 200㎝ 아래에서 면을 형성되었다가 여러 차례 개천의 범람과 준설로 주변 지대가 높아지면서 함께 높아진 것으로 파악된다. 광통교의 확장은 초축 교각과 확장된 교각의 높이가 달라 증축된 이후에 확장되었음을 추정할 수 있다.

2) 수표교의 변천

수표교는 장충단공원에 복원되어 있는데, 교각은 너비 방향으로 5열 4칸, 길이 방향 9열 10칸으로 규모는 길이 27.6m, 너비 7.5m이다. 현재의 구조를 통해 축조 과정을 복원하기는 어려우며, 조사 과정에 확인된 기초석의 변화를 통해 축조 과정을 살펴보고자 한다.

현재 수표교는 상하 2단의 교각으로 구성되어 있는데, 상단 교각의 길이가 일정하지 않으며, 하단 교각은 콘크리트 등으로 매몰되어 있어 그 규모를 파악할 수 없다. 어찌 되었거나 교각이 2단 이상으로 구성되어 있는데, 이는 광통교의 축조 과정에서 살펴본 바와 같이 경진준천 이후에 높아진 주변 지대에 맞추어 증축한 모습으로 이해할 수 있다.

수표교는 교대와 교각받침석 하부를 중심으로 집중적인 말목지정이 이루어진 후, 그 상부에 두께 15㎝ 전후의 기초석을 정연하게 깔고, 교각이 세워질 지점에 두께 50㎝ 정도의 교각받침석을 너비 방향으로 3칸 4열 배치하였다. 교각받침석 주변 바닥은 잡석을 2~3단 정도 채웠는데, 교각받침석보다 10㎝정도 아래에서 상면이 마련되어 있다. 교각받침석에는 직경 40㎝, 깊이 5㎝가량의 원형 홈이 있는데, 이는 하단교각을 고정하기 위한 용도로 추정되지만, 교각받침석과 교각의 결합방식은 확인할 수 없다. 초축의 수표교의 교각은 동서 4열 3칸이었으며, 너비 550㎝ 범위에 바닥석을 정연하게 깔아 다리 바닥을 구성하였다. 동쪽 5열째의 교각받침석은 장대석 2매를 나란히 잇대어 놓았는데, 서쪽의 교각받침석보다 40㎝ 상부에 상면이 형성되어

사진 1. 장충단공원 수표교 교각

사진 2. 수표교지 초축 교각받침석

사진 3. 수표교지 확장부 교각받침석

7) 영조 38년(1762) 홍봉한의 건의로 훈련도감에서 개축한 기록이 있다.

있으며, 바닥석은 깔려 있지 않고, 별도의 지정도 하지 않았다.

수표교의 지정말목은 소나무와 상수리나무 등 9종이 확인되는데, 소나무가 거의 대부분을 차지한다. 교각 하부는 소나무 각재를 사용하여 지정하고 있어 상수리나무가 대부분을 차지하는 광통교 및 오간수문지와 차이를 보이며, 소나무가 전혀 쓰이지 않은 하랑교 및 효경교와도 대비된다.

사진 4. 광통교지 지정말목 노출전경

사진 5. 수표교지 지정말목 노출 전경

광통교와 수표교의 축조 과정에서 보이는 지정말목, 기초석의 축조 및 교각받침석과 바닥석의 배치 등에서 정밀한 설계에 근거하여 다리 축조가 이루어졌음을 짐작할 수 있게 한다. 수표교는 1420년(세종2)에 축조된 것으로 전하며,[8] 인근에 마전이 있어 마전교라 불리었다가 1441년(세종 23) 다리 상류에 수표를 세움으로써 수표교라 이름하게 되었다. 최초의 수표가 돌로 세워졌는지는 확인할 수 없으나, 성종 13년(1482)에 편찬된 『동국여지승람』에 '석표石標'라고 기록된[9] 것으로 미루어 성종 대에는 석재로 개량되었을 것으로 보인다.[10]

이후 수표교에 관한 개수 기록은 없으며, 영조 36년(1760) 대대적으로 개천을 준설한 이후 교각에 '경진지평庚辰地平'을 새겼는데, 현 수표교 중앙열 두 번째 하단 교각에 위치한다. 현재 남아 있는 수표는 순조 때 다시 세운 것으로[11] 돌기둥 양면에 1척에서 10척까지 1척(21.5㎝)마다 눈금을 새기고, 3·6·9척에는 구멍을 파서 갈수渴水·평수平水·대수大水라고 표시하였다. 6척 안팎의 물이 흐를 때가 보통 수위이고, 9척이 넘으면 위험수위로 보아 하천의 범람을 미리 예고하였다.

한편, 수표교의 증개축과 관련하여서는 수표교 서측 귀틀석에 새겨진 '무자금영개조戊子禁營改造', '정해개축丁亥改築'이라는 글자가 주목된다. 즉, 무자년戊子年에 금위영禁衛營에서 다리를 개조하였고, 정해년에는 개축하였다는 사실을 새겨놓은 것이다. 무자년은 경진준천 이후의 첫 번째 해인 영조 44년(1768)이며, 『비변사등록』에 "戶曹參判 金時默 又所啓 水標橋 最低於諸橋 每値小水 輒必泛濫 故年前 而改修之意 陳稟蒙允 而此乃禁營字內 今已浮石輸致 自初日始役之意 敢達 上曰依爲之"라는 기사[12]를 통해 수표교가 개천에 놓여 있던 다른 다리보다 낮아 적은 수량水量에도 물이 넘치므로 개수하여 상단 교각을 새롭게 설치한 사실을 기록한 것으로 보인다. 정해년丁亥年은 1767년과 1827년, 1887년 등인데, 1767년과 1827년에는 수표교 개수와 관련된 기록을 찾아볼 수 없다. 고종 24년(1887)에 친군해방영親軍海防營에서 4월 7일부터 10월 19일까지 수표교 첨보添補

8) 『서울 六百年史 -文化史蹟篇-』 760쪽에 세종 2년에 축조되었다고 기록하고 있으나 관련 문헌을 확인할 수 없다. 조선 초 개천을 정비하면서 길과 연결된 곳에 축조한 것으로 이해된다.

9) 『동국여지승람』 권2 한성부 교량「水標橋在長通橋東 橋西水中立石標 刻尺寸之數 凡雨水以知淺深」.

10) 수표교 서측의 수표석 기초부 주변에서 확인된 목주의 연륜연대 측정 결과 1486년(성종 17년) 여름에 벌채 되었을 것으로 추정되었다. 이는 1486년 즈음에 수표석 기단부에 대한 정비가 이루어졌음을 추정할 수 있게 한다.

11) 『한경지략』 권2, 교량「水標橋[在中部長通坊 橋西入標石 刻石寸 以驗水深 又刻庚辰水平四字 此標石 今已毁 更立 新石]」.

12) 『비변사등록』영조 44년 3월 6일.

공사와 함께 작은 석교 3곳을 개축하였다는 기록이 있어[13] 정해개축[丁亥改築]은 이때 수표교를 고쳐 쌓은 내용을 기록한 것으로 볼 수 있다. 이때의 공사를 돌난간 설치 공사로 해석[14] 하기도 하지만, 이때의 보강 기록이 아마도 수표교를 확장한 내용을 기록한 것이 아닐까 싶다. 이는 경복궁 중건에 장대석 2매를 나란히 한 장대 적심이 사용된 점과 수표교의 확장부 교각받침석의 유사함에서 추정가능하다. 따라서, 확장 공사를 실시한 후 돌난간을 설치한 것을 기록한 것으로 봄이 타당할 것이다.

수표교는 수표석과 함께 1958년의 청계천 복개공사가 시작될 때까지 남아있었는데, 광통교 난간과 함께 문교부 고적위원들의 의견을 받아 장충단공원으로 옮겼다.[15] 현재 장충단공원의 수표교에는 '영개조[營改造]', '정해개축[丁亥改築]'이라고 새겨진 귀틀석만 잔존하는데, '무자금[戊子禁]'은 1959년 이전 과정에 유실된 것으로 보인다. 이후 2003년 7월부터 시작된 청계천 복원공사로 인한 발굴조사에서 수표교가 놓였던 기초가 확인되었으며, 이를 통해 수표교의 변화상을 확인할 수 있다. 현재 복원된 수표교는 길이가 27.6m로 교각받침석으로 추정한 규모보다 1m 이상 긴데, 상판을 기준으로 측정한 길이와 바닥의 차이에서 기인한다. 수표교 실측조사 보고서에 의하면, 수표교의 상단교각의 길이가 880~1370㎝로 불규칙하며, 각 열에서 배치된 위치도 어긋나 있기도 하다. 어찌 되었거나 수표교에서도 광통교와 동일하게 다리의 증축과 확장이 이루어진 것만큼은 분명해 보인다.

4. 수표교로 본 조선의 토목기술과 도성의 변천

조선 초기 도성의 정비는 성곽과 궁궐의 수축과 함께 개천의 활용이 중요한 관건이었다. 장마철이면 넘치는 개천을 정비하는 일이야말로 개국 초기의 민심을 안정시키고, 새로운 도읍에서 세력 기반을 형성하고자 했던 조선왕조의 현안 문제가 되었음은 자명하다. 때문에 세종대까지 지속적으로 다리를 축조하고, 호안석축을 정비함과 아울러 생활하천으로서의 개천 기능[16]을 정립하게 된다. 수표교는 조선 초 개천을 정비하면서 축조된 것으로 보이며, 길과 만나는 하상을 정비한 후, 교각이 세워질 위치에 각재의 소나무를 이용하여 깊이 100㎝ 이상으로 조밀하게 지정하고, 그 위에 직경 50㎝가량의 기초석을 깔고, 지정말목 사이의 공간은 보다 작은 석재로 기초석을 깔았다. 그 위에 두께 50㎝가량의 교각받침석을 교각이 놓일 위치에 놓고 교각받침석 사이는 2~3단으로 잡석을 채워 교각받침석보다 10㎝ 정도 낮게 상면을 마련하였다. 교각받침석의 상면에 있는 원형 홈에 맞추어 교각의 촉을 끼워 고정하였을 것으로 추정된다. 교대는 말목으로 지정한 후 잡석으로 하부를 채우고 그 위에 교대를 축조한 것으로 이해된다. 이렇듯 다리를 놓을 위치에 지정과 기초석의 축조 그리고 교각받침석과 다리 바닥면의 정비, 교대 및 교각의 배치 등에 있어서 정밀한 실측도를 바탕으로 치밀한 계획 하에 공사가 이루어졌을 것으로 추정할 수 있다. 수표는 1441년 수표교 상류 쪽으로 750㎝ 지점에 설치되는데, 직경 590㎝

13)『승정원일기』고종 24년 4월 6일「親軍海防營啓曰 水標橋添補 今初七日 始役之意 敢啓 傳曰 知道」.
『승정원일기』고종 24년 10월 19일「親軍海防營戶曹啓曰 水標橋添補石欄 又小石橋三處改築 今已竣役之意 敢啓 傳曰 知道」.

14) 서울特別市·中央文化財研究院, 2004,『서울 清溪川 復元區間內 清溪川 遺蹟』發掘調査報告 第52冊. 박현욱,「Ⅱ장 청계천의 자연환경과 역사문화」에 1887년의 돌난간 첨보의 가장 적극적인 증거로 1887년을 전후한 시기에 촬영된 사진의 차이로 설명하고 있다. 이는 타당할 것이나 6개월 이상의 시간을 난간 보수만을 위해 사용하였다는 것이 다소 의문이다. 이때에 수표교의 확장 공사도 함께 이루어졌으며, 다른 주변의 다리들도 함께 넓어진 것으로 봄이 타당할 것이다.

15) 수표교를 장충단공원으로 이전한 시기는『서울600년사』(권5, 1342쪽)와『서울600년사-문화사적』(761쪽),『서울건축사』(536쪽)의 내용에 다소 차이가 있다. 즉『서울600년사』에는 1959년 청계천 복개공사와 함께 옛 모습 그대로 장충단 공원에 옮긴 것으로 기록되어 있으나,『서울600년사-문화사적』,『서울건축사』에는 1958년의 청계천의 복개공사 때 철거되어 일시 홍제동으로 이전하였다가 1965년 장충단공원에 옮겨진 것으로 기록하고 있다. 표석의 내용으로 보아 1959년에로 장충단 공원으로 이전한 것으로 보인다. 또한 1960년에 세운 수표교 안내표석에도 1959년에 장충단공원으로 옮겼다고 기록하고 있다.

16) 세종대에 개천의 기능이 풍수상의 명당수인가, 아니면 도심의 하수도인가 논쟁에서 생활하천으로 결정되었으며, 국초의 대대적인 정비를 통해 생활하천으로 기능하게 되었다.

범위에 조밀하게 말목으로 지정하고, 30㎝ 내외의 할석을 4~5단 쌓아 적심을 만들고, 그 위에 길이 140㎝, 두께 100㎝의 초석을 올렸다. 초석 주변으로 할석을 더 쌓고 그 위에 기단부를 형성하였다. 기단부는 직경 480㎝의 방형이며, 장대석으로 외곽을 돌리고 내부에 보다 작은 석재를 채워 상면을 형성하였다. 초석은 기단부 상면보다 10㎝ 정도 돌출되게 설치되었다. 초석 중앙에 동서 52㎝, 남북 40㎝, 깊이 32㎝의 방형 홈이 파여져 있어 이곳에 수표를 세웠음을 알 수 있다. 홈의 가장자리를 따라 철편과 석재가 부분적으로 잔존하는데, 이는 석표를 세우고 고정한 기물이며, 석표의 하부는 40×50㎝ 정도였을 것으로 추정된다. 현재, 세종대왕기념관에 옮겨진 수표는 하부의 형태로 보아 노출된 수표 기단부와 일치하지 않는다. 이는 현재의 수표석을 세울 당시 이 부분까지 준설하지 않고 수표를 세운 까닭으로 추정할 수 있다.

한편, 수표석 기단부에서 확인된 목재의 연륜연대 측정 결과, 1486년경에 벌채된 것으로 확인되었는데, 이는 성종 대에 수표교가 정비되었음을 반영하는 것이며, 이때 석표를 세우면서 수표 기단부를 조성한 것으로 추정할 수 있다.

수표교 등 개천 정비에 보이는 조선 초기의 노력은 정국이 안정되면서 개천을 비롯한 도성의 정비가 소홀해지고, 토사로 막히게 되었다. 임진왜란과 병자호란 등을 겪으면서 지방 상권이 활성화됨에 비해 개천변의 시전 상인들은 장마를 근심해야 하는 처지가 되었을 것이다. 이러한 상황 속에서 영조 36년(1760) 대대적인 준천 작업을 실시하면서 개천을 정비하게 된다. 개천을 준설하면서 나온 토사를 주변에 깔아 도로면이 높아지는 결과를 초래하였다. 준천으로 지대가 높아졌음은 광통교 남편의 토층에서 확인된다. 이렇게 높아진 도로면에 맞추어 기존 다리의 교대와 교각을 높이는 증축공사가 이루어진다. 광통교에서 알 수 있듯이 증축은 필요한 부재를 추가로 확보하고, 초기 석교의 상부 부재를 들어 올리는 방식으로 진행된 것으로 보인다. 대부분 다리에 대한 증축공사는 경진준천 직후부터 수표교가 증축된 1768년까지 이루어진 것으로 보이며, 늦어도 호안석축이 완성된 1773년 이전에는 완료되었을 것이다.[17)]

청계천에 놓인 다리의 대부분이 2단의 교각으로 구성되어 있음은 증축되었음을 반영하는 것이다. 즉, 대체로 230㎝ 정도의 높이였던 개천 다리가 경진준천을 통해 주변 지대가 100㎝ 이상 높아짐에 따라 새로이 교각을 추가하여 2단으로 축조하게 되었으며, 수표교도 상단에 110~120㎝ 정도의 교각을 추가하여 증축되었다.

수표교에서 보이는 또 하나의 특징은 동쪽으로 1열이 추가되었다는 점인데, 이는 앞에서 살펴본 바와 같이 다리가 확장되었음을 의미한다. 다리의 확장은 단순히 구조물이 넓어진 것이 아니라 연결된 도로의 확장을 의미한다. 도로의 확장은 요즘도 마찬가지지만 물류 양의 증가를 반영하는 것이며, 당시 도성 내 인구의 증가와 상업의 발달이 큰 몫을 하였을 것이다. 조선시대 인구 변화를 정확히 알 수 있는 자료는 빈약하다.[18)] 세종 10년(1428) 한성부의 호구는 18,522호이며, 인구는 109,372명이다.[19)] 전기의 인구는 지속적으로 증가하다가 임진왜란과 병자호란 등 국란을 겪으면서 급격히 줄어들었고, 효종대까지 100,000명에도 이르지 못하였다. 영조와 정조대를 거치면서 상업과 운송업이 번창해지고, 도성으로 인구가 집중되게 된다. 영·정조대 한성부에는 호구 수가 80,000을 상회하였으며, 인구도 200,000명에 육박하게 되었다. 영조 대에는 한성부가 전후 복구로 외관이 일신되었으며, 수로를 이용한 상업이 번창[20)]하게 된다. 이렇듯 조선 후기에 이르면 도성 내 상권이 개천을

17) 호안공사와 함께 다리가 놓였던 부분의 교대 공사도 이루어졌을 것이며, 이때에 대체적인 증축공사가 완료된 것으로 봄이 타당할 것이다.

18) 조선시대 호구조사는 역을 담당할 '정丁'을 조사하려는 목적으로 실시되었으며, 조선왕조실록에 호구조사를 통한 호구 수와 인구가 나타나 있지만, 정확한 통계는 없다.

19) 『세종실록』 권40 세종 10년 윤4월 8일.

20) 남대문 밖에서 용산에 이르는 구간에 칠패시장 등의 장시가 개설되는 등 수운을 통한 상업이 성장하게 된다.

중심으로 재편되고, 유동인구도 급격히 증가하게 된다. 이에 따라 도로의 개량이 이루어졌고, 다리의 확장이 수반된 것으로 이해할 수 있다.

5. 맺음말

지금까지 수표교 구조물의 변화를 통해 조선시대 토목 기술의 변화와 도성 기능의 변화를 유추하였다. 조선시대 개천의 관리는 크게 두 시기에 나누어 이루어졌다. 먼저, 한양을 새로운 수도로 선정한 왕조 초기에는 새로운 도읍의 기틀을 마련하고 왕조를 안정시키기 위한 목적으로 관리되었다. 이때 개천은 도성 내의 물길을 고려하여 개착하였으며, 중요한 통로에 다리를 개설하고, 부분적인 석축이 행해졌다. 이때의 토목공사는 면밀한 설계도에 의해 이루어졌음이 하부구조의 배치를 통해 능히 짐작할 수 있다. 초기의 혼란이 안정된 이후에는 더 이상 개천의 관리가 이루어지지 않아 토사가 쌓이고 비가 오면 홍수로 도시 기능이 온전하게 작동하지 못하였을 것이다. 이러한 상황 속에서 개천의 정비는 영조의 경진준천으로 새로운 모습으로 바뀌게 된다.

영조대의 전면적인 준천공사와 그에 따른 주변 환경의 변화에 따라 수표교도 정비되게 된다. 광통교의 교대와 상단 교각의 추가 및 남측 도로면의 조사에서 확인된 바와 같이 수표교에서도 증축공사가 이루어졌음을 유추할 수 있었는데, '무자금영개조戊子禁營改造'에서 영조 44년(1768)에 증축 공사의 내용이 새겨진 것으로 해석하였다. 사진으로 다리의 구조를 파악할 수 있는 모전교, 장통교, 하랑교, 효경교 등의 교각이 상하 2단으로 구성되어 있어 이들 다리도 조선 초 도성 건설 과정에 축조되었으며, 경진준천 이후 주변 지대에 맞추어 교각이 추가되면서 증축된 것으로 짐작할 수 있다.

다음으로 수표교에서 확장의 증거가 확인되는데, 다리의 확장은 도로의 확장을 의미하며, 한양 인구의 증가와 궤를 함께하는 것이다. 수표교는 동쪽으로 1열의 교각받침석을 추가하여 확장하는데, '정해개축丁亥改築'의 내용이 수표교와 주변을 확장한 내용으로 이해되며, 고종 24년(1887) 6개월간에 걸쳐 확장 공사와 난간 보수공사를 실시한 것으로 보았다. 확장된 부분은 지정말목이나 바닥석을 설치하지 않고, 증축된 교대 후면의 뒷채움에 석재를 사용하지 않는 등 전기에 비해 퇴보한 기술 수준을 보이는데, 이는 복잡한 공간에서 많은 유동인구를 통행시키기 위해 급격하게 다리 보수공사가 진행된 결과로 이해할 수 있다. 또한, 오간수문지나 초기의 호안석축에서도 지정말목과 기초석의 배치가 정연하게 나타나고 있는데 반해, 후기의 증축된 교대의 뒷채움에 석재를 사용하지 않은 점이나 교각받침석 하부에 바닥석과 지정말목을 설치하지 않은 점 등 전기에 비해 견고하게 축조되지 못하는 특징이 있는데, 이는 도시기능의 변화가 반영된 결과로 해석할 수 있다.

참고문헌

서울特別市史編纂委員會, 『朝鮮王朝實錄 漢城府資料集』

『東國輿地勝覽』

『承政院日記』

『濬川事實』

『備邊司謄錄』

『漢京識略』

『京城府史』

서울特別市史編纂委員會, 『서울 六百年史』

서울특별시, 2002, 『청계천의 역사와 문화』
서울역사박물관, 2003, 『청계천 특별전 다시열린 開川』
서울역사박물관, 2006, 『청계천』 서울발굴유물특별전Ⅲ
國立文化財硏究所·韓國文化財保護財團, 1998, 『景福宮 泰元殿址』, 學術調査報告 第 9冊.
명지대학교부설 한국건축문화연구소, 2003, 『청계천 복원구간 문화재 지표조사 보고서』
서울특별시 시정개발연구원, 2003, 『청계천복원 타당성조사 및 기본계획 -역사문화부문-』
서울特別市·韓國建設安全技術院, 2003, 『水標橋 實測調査 및 安全診斷報告書』
中央文化財硏究院, 2004, 『淸溪川 復元區間內 遺蹟 試掘調査報告書』 試掘調査報告 第04-2冊.
中央文化財硏究院, 2004, 『서울 淸溪川 復元區間內 淸溪川 遺蹟』 發掘調査報告 第52冊.
서울특별시, 2005, 『청계천 발굴유적 실측 및 설계보고서Ⅰ -광통교 실측조사보고서』
서울특별시, 2005, 『청계천 발굴유적 실측 및 설계보고서Ⅱ -수표교지, 하랑교지, 효경교지, 양안석축 실측조사보고서』
서울特別市·韓國建設安全技術院, 2005, 『廣通橋 安全診斷 報告書』

부록 한양에 비가 내리면

이번 전시에서는 수표교를 주제로 한 몰입형 영상체험실을 설치하였다.
수표를 측정하는 수표직, 어가행렬, 풍류를 즐기는 선비들과 당시 세시풍속 모습 등
총 열 개의 시퀀스로 구성되어 있으며, 십 분 길이의 영상이다.
이 영상은 오른쪽 QR코드를 통해 다시 만나볼 수 있다.

현재 수표교의 모습

어가행렬

풍류를 즐기는 선비들

다리밟기

水標橋 수표교 – 한양에 비가 내리면

SUPYO-GYO BRIDGE HANYANG IN THE RAIN

발행인
서울역사박물관장

발행일
2019년 12월

발행처
청계천박물관
(04704) 서울 성동구 청계천로 530
T. 02 2286 3410
www.museum.seoul.kr/cgcm/index.do

발간물등록번호
51-6110569-000266-01

ISBN
979-11-90480-09-3(03910)

값 12,000원

03910

9 791190 480093

ISBN 979-11-90480-09-3